D1616746

Dirección editorial
Tomás García Cerezo

Editora responsable
Verónica Rico Mar

Coordinación de contenidos
Gustavo Romero Ramírez

Asistencia editorial
Montserrat Estremo Paredes, Alejandro González Dungla

Fotografía
Alex Vera Fotogastronómica®

Estilismo
Aquiles Chávez, Nelly Güereña,
Montserrat Estremo Paredes, Verónica Rico Mar

Diseño y formación
Visión Tipográfica Editores, S.A. de C.V. / Rossana Treviño Tobías

Portada
Cuauhtémoc Victoria García

Imágenes complementarias
Ángel Rodríguez Brambila

Fotografía e ilustración complementaria
Aquiles Chávez, WARNER BROS. / BAILEY, ALEX / Album / Album Cinema /
Latinstock, TOUCHSTONE PICTURES / Album / Album Cinema /
Latinstock, Shutterstock.com, UTILISIMA, Alex Vera, Federico Gil,
Jorge González, León Rafael, Archivo Gráfico Larousse,
Édgar Martiarena Maynas

© 2011 Ediciones Larousse, S.A. de C.V.
© 2013 Ediciones Larousse, S.A. de C.V.
Renacimiento 180, Colonia San Juan Tlihuaca, Delegación Azcapotzalco, C.P. 02400, México, D.F.

ISBN: 978-607-21-0714-4

SEGUNDA EDICIÓN

Todos los derechos reservados conforme a la ley.

Queda estrictamente prohibida su reproducción por cualquier medio mecánico o electrónico conocido
y por conocerse, sin la autorización escrita del titular de copyright. Las características de esta edición,
así como su contenido, son propiedad de Ediciones Larousse, S.A. de C.V.

Larousse y el logotipo Larousse, son marcas registradas de Larousse S.A.
21 rue du Montparnasse, 75298 Paris Cedex 06.

www.larousse.com.mx

La cocina y las locuras
de Aquiles
33305234417263
5alks WITHDRAWN

Aquiles Chávez

LAROUSSE

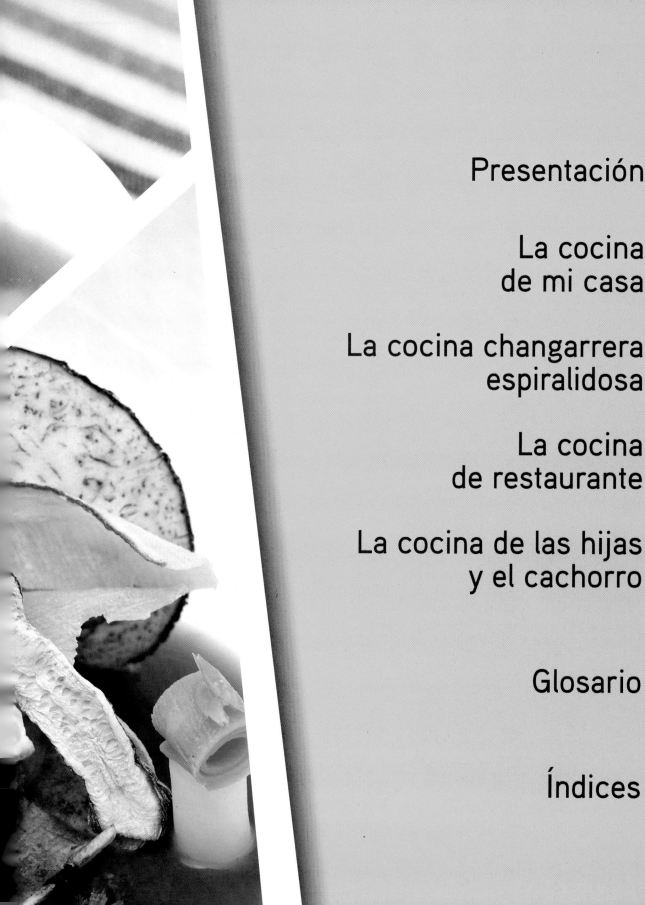

Presentación

Quien conoce al chef Aquiles Chávez va de sorpresa en sorpresa. Conforme se charla con él, con sus familiares y amigos, uno se va dando cuenta de que detrás de este carismático cocinero no se esconde nadie. Aquiles, a diferencia de muchas otras personalidades famosas, es lo que se ve. No se trata de un personaje inventado para aparecer en televisión; es una persona real, de carne y hueso, que no finge para agradar o llamar la atención. Lo hace, sin duda, pero no por un afán de protagonismo o para crear una marca o sello distintivo, sino porque así es. No hay tal personaje. O, si se quiere, el personaje es él mismo. Su estilo es auténtico.

Durante la confección de este libro, el equipo editorial de Larousse tuvo diversas conversaciones con Aquiles, con Karla —su esposa—, con amigos, familiares y colaboradores, y la oportunidad de verlo en distintas facetas: cocinando, como esposo y como padre, compartiendo una comida, una broma... ¡muchas bromas!

Porque aunque se trata de una persona muy trabajadora, que viaja constantemente y que atiende una agenda realmente saturada y estresante, nunca pierde el sentido del humor o, mejor dicho, la alegría. Porque Aquiles es un hombre feliz, que está viendo cristalizados muchos de sus sueños, logrados con base en esfuerzo, en mucho esfuerzo, y fidelidad a su vocación.

Si a primera vista su aspecto —bigotes retorcidos, calcetines bicolores a rayas, siempre de distinto color, rastas y gorra— resulta en un estereotipo de descuido, basta conocerlo un poco y verlo trabajar para darse cuenta del cuidado que pone en todos los detalles.

En las páginas de este libro quisimos reflejar esa personalidad alegre, desenfadada y, al mismo tiempo, muy profesional de Aquiles. Hemos deseado lograr una obra que corresponda con su forma de ser, de actuar y de pensar.

El libro consta de cuatro secciones de recetas que nos hablan de las diversas facetas de su quehacer como cocinero: la comida casera, la cocina popular, las creaciones de restaurante —más sofisticadas— y recetas para niños y bebés. En ellas también se asoma el amor de hijo, el orgullo mexicano, la búsqueda del profesional de la cocina y las inquietudes del padre de familia. Igualmente, el lector podrá conocer un poco de su trayectoria y forma de pensar.

Finalmente, y porque Aquiles se desenvuelve como pez en el agua frente a las cámaras, incluimos una memoria USB en forma de bigotes —qué otra cosa podía ser— con videos para que él mismo le presente el libro, le muestre cómo preparar algunas recetas y para que conozca un poco del trabajo que hay detrás de esta obra.

Estamos seguros de ofrecerle un libro útil, ameno y práctico, que disfrutará de la mano de este singular cocinero.

La cocina de mi amá

Nací en la Ciudad de México, en la Delegación Iztacalco. Hace poco tiempo, de camino a Puebla, cerca del aeropuerto vi un letrero que decía: "Gracias por su visita Delegación Iztacalco, *Casa de la sal*"… y dije: "¡Güey!, ahora entiendo todo…" La sal es hoy por hoy mi ingrediente favorito: la sal de Colima y la sal de San Felipe, que son sales obviamente mexicanas, son perfectas para cocinar porque no son tan fuertes; un toquecito de sal al final del plato te lo redondea todo…

Scully y yo

Mis papás, mi hermano y... yo.

13

Después de ver aquel letrero decidí tatuarme el glifo de Iztacalco en el brazo en que tengo los tatuajes de cocina: el logo del restaurante *Ló*, San Pascual Bailón —patrono de los cocineros—, el logo de UTILISIMA —el canal que me abrió las puertas a la televisión—, y una calavera con cuchillos de cocina.

con mi amá en la graduación

La cocina siempre ha sido parte primordial de mi vida: la cocina y el comer. Mi mamá cuenta que cuando yo tenía como dos o tres años ella estaba un día lavando ropa y subió a tender a la azotea. De repente, le llegó un olor a canela y pensó: "Yo no he puesto si quiera a cocer el espagueti y la vecina ya está haciendo el postre, seguro un arroz con leche, porque ya huele a canela..." Cuando bajó de tender, me encontró arriba de la estufa: yo había bajado la puerta del horno para alcanzar los quemadores y estaba echándole canela a una cacerola con agua hirviendo y dándole vueltas con una cuchara de madera. Pobre de mi mamá, espantada, me agarró silenciosamente, porque en un caso así, le pegas un grito a un chamaco y eso acaba en desgracia... Después me dio tres nalgadas mientras me advertía: "No vuelvas a subirte a la estufa." Desde entonces me apodó "el brujo del perol".

Siendo también muy pequeño, mi mamá estaba cocinando ese flan maravilloso que hace y que me encanta. Lo hace en mis cumpleaños y cuando hay una comida especial en casa: es fuera de serie, un flan muy sencillo, muy casero, sin mucha técnica, porque además se recuece, por eso es poroso.

Yo

Lo hace en olla exprés, que para mí es lo maravilloso… Bueno, pues estando mi mamá haciendo su flan, metí el dedo en el caramelo… y es por eso que en el dedo índice de la mano derecha no tengo huella digital…¡ Se me quemó! Dice mi mamá que se sintió la más culpable, la más mala del mundo.

Cuando voy a Estados Unidos me piden que ponga el dedo en el lector de huellas, y entonces… "Póngale, póngale… el otro dedo… ¿por qué no sale?" Siempre me pasa, y me recuerda que desde niño la comida ha estado presente en mi vida.

Todo lo relaciono con comida. Por ejemplo, me acuerdo perfecto qué comimos el día en que mi abuelo Sotero murió y lo estaban velando…birria. Esa mañana nos llevaron a casa de unos tíos de cariño. La tía Amalia nos preparó de desayunar sándwiches de jamón. Era como un kilo de jamón y pan Bimbo, pero súper bien hecho… y yo estaba emocionado con los sándwiches, eran como de película de Scooby Doo, así grandotes… y en la tarde que ya fuimos al velorio, comimos birria. Ésa fue la primera y única vez que vi llorar a mi papá… Y cuando como birria me acuerdo de mi abuelo y de mi papá.

Cuando éramos niños y, por ejemplo, veíamos una película en familia, me encargaban a mí hacer las tortas. Mi papá me decía de broma: "Tú deberías ser chef."

En el campo...

Yo estoy seguro de que naces con esta vocación y, por supuesto, con el sazón. Si no lo tienes, puedes aprender pero no te sale igual, nada sabe igual. Cuando era chiquillo y jugaba con mis primos, que tendríamos por ese entonces nueve o diez años, yo ya cocinaba. Me acuerdo que una vez les hice unas papas gratinadas. En un molde de *pay* puse las papas en rodajas, crema, queso, leche, y las metí a hornear.

Mi primo Alberto me dijo: "Eso es un soufflé de papa, primo..." Así le llamamos entonces. Y años después, estando en la universidad, me enteré que se llama *pommes de terre gratinées*, o papa gratín... ¡Chale!, eso lo hice cuando tenía nueve años, sin saber que existía.

Igualmente, cuando iba a la escuela y tenía que ir a hacer tarea a la casa de un amigo, yo le preguntaba qué íbamos a comer. Era importantísimo saber qué habría de comer, y todavía más importante llegar a la hora que se estaba cocinando. Yo entraba a la cocina a ver qué preparaban de comer y me quedaba viendo cómo lo hacían.

Un día, cuando iba en cuarto de primaria, en casa de un amigo hicieron croquetas de atún. Cuando llegué a mi casa le dije a mi mamá: "Oye má, fíjate que en casa de Fulanito comí croquetas de atún, ¿por qué no las haces?" Me dijo que no podía porque no conocía la receta, y yo le dije: "No te preocupes, má, yo te digo cómo… cuece unas papas, tantas latas de atún, etcétera."

Para mí la comida ha sido lo más importante siempre. Cuando terminamos de comer me pregunto "¿qué vamos a cenar? ¿qué vamos a comer mañana?" Comer bien es lo más importante del mundo… y comer bien no es comer caro: comer bien puede ser disfrutar unos buenos tacos de carrito o puestito: todo está en función del sabor, de cómo está hecho el plato, de la técnica… del cariño. Se nota cuando el taquero disfruta lo que hace, cuando lo ves poniéndole toda la enjundia, toda la emoción, todo el sentimiento a sus tacos… el resultado son unos tacos espectaculares. Eso es comer bien.

mi abue

Amo la cocina de mis abuelas, de mis tías, de mi mamá…

Alguna vez, platicando con mi compadre y amigo Antonio de Livier, nos preguntó a algunos otros chefs que estábamos reunidos: Federico López, Guillermo González Beristáin, Arturo Fernández, Pablo Salas, Luis Barosio: "A ver, si mañana se fueran a morir, ¿qué quisiera comer cada uno?" Me acuerdo que le contesté que comería una sopa de fideo, la sopa de fideo de mi amá, con un taquito de aguacate con queso y un chilito toreado *de amor… de a mordidas*, pues. Eso de primer tiempo. De segundo o de plato fuerte, un espinazo… hay dos formas de prepararlo que me encantan: el espinazo de cerdo en salsa de chile pasilla con naranja que hace mi jefa, que es espectacular, con frijolitos de la olla, y el espinazo de cerdo en verdolagas en verde, también de mi mamá… Y de postre, sin duda el flan de mi jefa.

Entonces, me di cuenta de que la mejor comida es la de casa, con la que creciste. Si fueras a comer a un restaurante durante quince días, al día dieciséis ya estás harto, por muy bueno que sea el restaurante, pero no te pasa con la comida de casa, la comida de mamá…

Creo que se debe a que está hecha con cariño. Y sin duda también, porque para mí, la hora de la comida en casa era el momento de compartir, el momento en que platicábamos todos, mi papá, mi hermano Ulises, mi mamá y yo.

Las recetas que vienen a continuación son de esa comida casera que tanto me gusta, y que quiero compartir con ustedes.

La cocina de mi casa

Arroz con leche de mi abuelita Toña

Ingredientes para 6 porciones

- 300 g de arroz
- 1 ℓ de leche
- 1 lata de leche evaporada
- 1 lata de leche condensada
- 1 raja de canela
- 1 cucharadita de esencia de vainilla
- la ralladura de 1 naranja

Presentación

- canela en polvo al gusto
- canela en raja al gusto
- rizos de cáscara de naranja al gusto

Preparación

1. Caliente todos los ingredientes en una olla y cuando hierva, baje el fuego y deje cocer durante 20 minutos. Mueva constantemente para evitar que la preparación se pegue al fondo de la olla.
2. Retire del fuego y sirva caliente en copas individuales, o bien, deje enfriar y refrigere antes de servir.
3. Decore con la canela en polvo, la raja de canela y los rizos de cáscara de naranja.

Bacalao navideño con sus tortas

Ingredientes para 4-6 porciones

- ½ kg de bacalao seco
- 1 taza de aceite de oliva
- 1 cebolla picada
- 3 dientes de ajo picados
- ½ kg de jitomate cortado en cubos pequeños
- 2 papas peladas y cortadas en cubos pequeños
- ¼ de taza de alcaparras picadas
- 250 g de almendras sin cáscara, picadas
- ½ taza de aceitunas rellenas de pimiento
- 1 lata de chiles güeros, drenada
- 4-6 bolillos
- sal y pimienta al gusto

Preparación

1. Remoje el bacalao durante 1 día, cambiando constantemente el agua para eliminar el exceso de sal. Drénelo, desmenúcelo y consérvelo en refrigeración.

2. Caliente el aceite de oliva en una olla y acitrone la cebolla y el ajo. Añada el jitomate y las papas, mezcle y cueza por 5 minutos.

3. Incorpore el bacalao, las alcaparras, las almendras, las aceitunas, los chiles güeros, sal y pimienta, y cueza durante media hora o hasta que el líquido se reduzca y la preparación se seque. Retire del fuego, rectifique la cantidad de sal y reserve.

4. Corte los bolillos a lo largo por la mitad y rellénelos con el bacalao caliente. Sirva de inmediato.

Caldo de camarón seco

Ingredientes
para 4 porciones

- 2 cucharadas de aceite de oliva
- ½ cebolla picada
- 2 dientes de ajo picados
- 2 zanahorias cortadas en rodajas
- 200 g de camarones secos
- 1 taza de jitomate molido
- 50 ml de vino blanco
- 1 ℓ de agua
- 1 chile ancho sin venas ni semillas
- 1 chile guajillo sin venas ni semillas
- 1 chile pasilla sin venas ni semillas
- ½ taza de papa pelada, cortada en cubos pequeños y cocida
- 1 rama de epazote
- sal y pimienta al gusto
- jugo de limón al gusto

Preparación

1. Caliente el aceite de oliva en una olla y acitrone la cebolla y el ajo; agregue las zanahorias y saltee hasta que se doren ligeramente.

2. Añada los camarones y el jitomate y deje hervir durante 2 minutos; incorpore el vino blanco, el agua y los chiles; hierva durante 10 minutos más y retire del fuego.

3. Licue la preparación, cuélela y regrésela a la olla. Agregue la papa, el epazote, la sal y la pimienta; deje que hierva nuevamente; retire del fuego y deseche la rama de epazote.

4. Sirva caliente y agréguele jugo de limón al gusto.

Camarones al ajillo con champiñones

Ingredientes *para 6 porciones*

- 100 ml de aceite de oliva
- 50 g de mantequilla
- 4 dientes de ajo picados
- 1 kg de camarones con cola y cabeza
- 300 g de champiñones cortados por la mitad
- 4 chiles guajillo sin venas ni semillas, cortados en tiras delgadas
- 50 ml de vino blanco
- 100 ml de jugo de limón
- 2 cucharadas de perejil picado (opcional)
- sal y pimienta al gusto

Presentación (opcional)
- 6 tortillas de maíz cortadas en triángulos
- c/s de aceite para freír
- sal al gusto

Preparación

1. Caliente el aceite de oliva y la mantequilla en un sartén y acitrone el ajo; agregue los camarones y saltee hasta que se doren.
2. Integre los champiñones, las tiras de chile guajillo y el vino blanco. Deje que el alcohol se evapore y añada el jugo de limón, el perejil, sal y pimienta. Retire del fuego.

Presentación

1. Caliente suficiente aceite, fría los triángulos de tortilla, retírelos del aceite y escúrralos sobre papel absorbente. Espolvoree los totopos con un poco de sal.
2. Sirva la preparación en un platón y acompañe con los totopos.

Chiles caseros y salsas chidas

Ingredientes para 8-10 porciones de cada una

Chiles en escabeche
- 2 cucharadas de aceite de oliva
- 4 dientes de ajo
- 1 cebolla fileteada
- 2 zanahorias cortadas en rodajas
- 15 chiles jalapeños sin venas ni semillas, cortados en cuartos a lo largo
- 10 champiñones cortados en cuartos
- ½ coliflor cortada en floretes pequeños
- 1 ℓ de vinagre
- 1 taza de agua
- ½ cucharadita de pimienta negra molida
- 5 pimientas de Tabasco
- 2 hojas de laurel
- sal al gusto

Salsa de chile de árbol
- 1½ cucharadas de aceite
- 15 chiles de árbol sin venas ni semillas
- ½ cebolla fileteada
- 4 dientes de ajo
- 300 ml de agua
- ½ cucharadita de orégano seco
- ½ cucharadita de tomillo seco
- ½ cucharadita de comino
- ½ cucharadita de pimienta negra molida
- sal al gusto

Salsa verde
- 300 g de tomates
- 3 chiles habaneros sin venas ni semillas
- 2 dientes de ajo
- sal al gusto
- c/s de agua

Salsa de cacahuate
- 4 jitomates
- 6 chiles puya sin venas ni semillas
- ½ cebolla
- 3 dientes de ajo
- 300 g de cacahuates pelados y tostados
- sal al gusto

Preparación

Chiles en escabeche
1. Caliente en una olla el aceite de oliva y saltee el ajo, la cebolla y las rodajas de zanahoria hasta que se doren ligeramente.
2. Agregue el resto de los ingredientes y cueza hasta que los vegetales estén suaves, pero no sobrecocidos.
3. Retire del fuego, coloque todos los ingredientes en un frasco, ciérrelo, deje enfriar y conserve en refrigeración.

Salsa de chile de árbol
1. Caliente el aceite en un sartén y fría los chiles sin quemarlos; agregue la cebolla y el ajo y saltee hasta que se doren ligeramente.
2. Añada el agua y hierva durante 3 minutos; retire del fuego y licue con el resto de los ingredientes. Rectifique la cantidad de sal, deje enfriar y conserve en refrigeración.

Salsa verde
1. Ase en un comal los tomates, los chiles habaneros y el ajo; licúelos con sal y, si es necesario, agregue un poco de agua. Rectifique la cantidad de sal, deje enfriar y conserve en refrigeración.

Salsa de cacahuate
1. Coloque en una olla los jitomates y los chiles, cúbralos con agua y cueza hasta que los jitomates estén suaves; escurra y reserve el líquido de cocción.
2. Licue los jitomates y los chiles con el resto de los ingredientes; si es necesario, agregue un poco del líquido de cocción. Rectifique la cantidad de sal, deje enfriar y conserve en refrigeración.

Cochinita pibil

Ingredientes para 6 porciones

Aguamole (opcional)
- 3 aguacates
- 1 chile jalapeño sin venas ni semillas
- 2 dientes de ajo
- ¼ de cebolla
- 1 rama de cilantro
- 100 ml de agua mineral
- sal al gusto

Cebolla curtida
- 2 cebollas moradas rebanadas finamente

- el jugo de 2 limones
- ¼ de taza de vinagre blanco
- 1 pizca de sal

Pico de gallo
- 1 chile jalapeño sin venas ni semillas, picado
- 2 jitomates cortados en cubos pequeños
- 1 cebolla picada
- ½ taza de piña cortada en cubos pequeños

- 2 cucharadas de cilantro picado
- el jugo de 2 limones
- 1 cucharadita de aceite de oliva
- sal y pimienta al gusto

Cochinita pibil
- 300 ml de jugo de naranja agria
- 100 g de pasta de achiote
- 2 dientes de ajo asados

- 1 cucharadita de pimienta
- 1 clavo
- 1 cucharadita de orégano seco
- 1½ kg de pierna de cerdo
- 1 hoja de plátano asada
- sal al gusto
- tortillas de maíz al gusto
- rebanadas de plátano deshidratado, al gusto

Preparación

Aguamole

1. Licue la pulpa de los aguacates con el chile jalapeño, los ajos, la cebolla y el cilantro. Incorpore el agua mineral y agregue sal al gusto. Reserve en refrigeración.

Cebolla curtida

1. Mezcle en un tazón todos los ingredientes y deje reposar durante 30 minutos como mínimo. Reserve.

Pico de gallo

1. Mezcle en un tazón todos ingredientes y reserve.

Cochinita pibil

1. Precaliente el horno a 150 °C.

2. Licue el jugo de naranja con la pasta de achiote, los dientes de ajo, la pimienta, el clavo, el orégano y sal.

3. Marine la pierna de cerdo con el adobo y reserve en refrigeración durante toda la noche.

4. Saque del refrigerador la pierna de cerdo, envuélvala con la hoja de plátano, colóquela sobre una charola metálica y hornéela durante 4 horas. Retírela del horno y deshebre la carne

5. Sirva la cochinita acompañada de aguamole, cebolla curtida, pico de gallo y tortillas de maíz. Decore con el plátano deshidratado.

Croquetas de atún con papa

Ingredientes
para 20 croquetas

- 1 kg de papas peladas y cocidas
- 2 latas de atún drenadas
- ½ cebolla picada finamente
- 2 huevos batidos
- 250 g de pan molido
- sal y pimienta al gusto
- c/s de aceite para freír
- ensalada al gusto

Preparación

1. Coloque las papas en un tazón y macháquelas con un aplastador; agregue el atún, la cebolla, sal y pimienta, y mezcle hasta integrar todos los ingredientes; deberá obtener una especie de masa.

2. Tome una porción de la mezcla de aproximadamente 30 gramos y forme con las manos una bolita; haga lo mismo con el resto de la mezcla.

3. Bata los huevos en un tazón y coloque el pan molido en otro recipiente. Pase las croquetas por el huevo batido y luego cúbralas con el pan molido.

4. Caliente el aceite en un sartén y fría las croquetas hasta que se doren; sáquelas del aceite y colóquelas sobre papel absorbente para retirar el exceso de grasa.

5. Sirva las croquetas calientes o frías y acompañe con ensalada al gusto.

Discada lagunera

Ingredientes para 6 porciones

- 300 g de tocino cortado en cuadros
- 1 cebolla rebanada
- 1 pimiento morrón rojo sin venas ni semillas, cortado en cuadros
- 1 pimiento morrón amarillo sin venas ni semillas, cortado en cuadros
- 1 pimiento morrón verde sin venas ni semillas, cortado en cuadros
- 700 g de bistec de res cortado en trozos medianos
- 300 g de queso Manchego rallado
- sal y pimienta al gusto
- tortillas de harina al gusto
- salsa de chile de árbol al gusto (ver pág. 32)

Preparación

1. Caliente un sartén y fría el tocino; cuando suelte su grasa, agregue la cebolla y dórela.
2. Añada los pimientos y saltéelos; cuando estén cocidos, agregue la carne y salpimiente. Permita que se dore la carne y retire del fuego.
3. Espolvoree el queso manchego y sirva. Acompañe con tortillas de harina y salsa de chile de árbol.

El flan
de mi amá

Ingredientes
para 6-8 porciones

- 150 g de azúcar
- 200 ml de leche evaporada
- 195 g de leche condensada
- 100 ml de leche
- 4 huevos
- 1 cucharadita de esencia de vainilla
- frutos rojos al gusto
- hojas de menta al gusto

Preparación

1. Caliente 100 gramos de azúcar en una cacerola hasta que se derrita y se forme un caramelo de color dorado; retire del fuego y vierta el caramelo en una flanera o en un molde para rosca. Reserve.

2. Licue las leches, los huevos, la esencia de vainilla y el resto del azúcar; vierta sobre la flanera o el molde con caramelo y cubra con plástico autoadherible y papel aluminio.

3. Coloque en una olla de presión una rejilla y suficiente agua, cuidando que no sobrepase la altura de la rejilla; ponga la flanera o molde sobre la rejilla y tape la olla. Cueza durante 40 minutos.

4. Retire del fuego, deje enfriar y desmolde; refrigere hasta el momento de servir. Acompañe con los frutos rojos y decore con las hojas de menta.

El guacamole de mi abu Meche

Ingredientes *para 2 porciones*

- 3 tomates cortados en cuartos
- ¼ de cebolla
- 1 chile jalapeño sin venas ni semillas
- 1 diente de ajo
- 1 aguacate cortado en cubos
- 3 ramas de cilantro picadas
- sal gruesa al gusto
- julianas de tortilla fritas, al gusto

Preparación

1. Ase los tomates, la cebolla, el chile y el ajo; colóquelos en un molcajete y martájelos con la sal.
2. Incorpore a la salsa el aguacate y el cilantro. Sirva y acompañe con las julianas de tortilla fritas.

El nombre

Cuando yo nací mi papá acababa de leer la *Ilíada*, entonces decidió llamarme Aquiles. Luego, cuando llegó mi hermano, le pusieron Ulises. Así que somos como los héroes griegos. Siempre le digo a mi papá que qué bueno que estaba leyendo la *Ilíada* y no el *Kalimán*, porque entonces nos hubieran puesto Kalimán y Solín, o no sé qué cosa…

Ulises y yo
(antes)

Ulises y yo
(después)

Pero me encantó llamarme así. Era
una ventaja, nadie más se llamaba Aquiles.
Y me fascinan los juegos de palabras con
mi nombre, ¿no?, desde el Chil-Aquiles,
muy gastronómico, hasta los Aquiles-
brinco, Aquiles-voy, o el Aquiles-Baeza...

De chico mi papá siempre me preguntaba: "¿Quién fue Aquiles?", así como recordándome que debía sentirme orgulloso porque Aquiles fue un gran guerrero y demás. Quería que me enamorara del nombre.

Muchos años después, mi hija Regina, que tendría unos cinco años, le preguntó a mi papá: "Abuelito, ¿por qué le pusiste ese nombre a mi papá?" Entonces él le contó toda la historia de Aquiles y mi hija quedó fascinada. Pero tiempo después se estrenó la película *Troya*, donde Brad Pitt era Aquiles. Regina llegó con mi papá y le dijo:

"Abuelo, ya conocí a Aquiles, y es fuerte, no tiene bigote, no tiene barba, no tiene tatuajes, o sea, no es como mi papá. ¡Te equivocaste de nombre! porque mi papá no es como Aquiles."

Entonces mi papá se quedó pensando, "¿qué le digo?" La miró y le dijo: "No hijita. Yo no me equivoqué de nombre, el que se equivocó fue tu papá, en no seguir la línea que yo le marqué…"

47

El pozole de Arcelia

Ingredientes
para 4 porciones

- 2 cucharadas de aceite
- 1 pechuga de pollo sin hueso partida por la mitad
- ½ cebolla picada
- 2 dientes de ajo picados
- 1 ℓ de caldo de pollo
- 350 ml de agua
- 1 cucharadita de orégano seco
- 500 g de maíz pozolero precocido, enjuagado y colado
- sal y pimienta al gusto
- chile en polvo al gusto

Guarnición

- tostadas de maíz al gusto
- rábanos rebanados, al gusto
- lechuga rebanada, al gusto
- orégano seco al gusto
- jugo de limón al gusto

Preparación

1. Caliente 1 cucharada de aceite en una olla a fuego medio y dore la pechuga de pollo por los dos lados. Retire del fuego y reserve.
2. Caliente el aceite restante en la misma olla donde doró el pollo y acitrone la cebolla y el ajo; agregue el caldo de pollo, el agua, la pechuga de pollo, el orégano, sal, pimienta y chile en polvo. Tape la olla y cueza durante 30 minutos.
3. Retire el pollo y resérvelo; añada el maíz pozolero a la olla, tape nuevamente y cueza hasta que revienten los granos.
4. Deshebre el pollo, regréselo a la olla y rectifique la cantidad de sal.
5. Sirva en platos pozoleros y acompañe con la guarnición.

El sandwichón de Karlita

Ingredientes para 4-6 porciones

Salsa de pimiento
- 1 lata de pimiento morrón drenada
- 100 g de queso crema
- 200 g de jamón de pierna
- 100 g de queso amarillo
- 250 ml de crema
- sal y pimienta al gusto

Sandwichón
- 150 g de pechuga de pollo cocida y deshebrada
- 2 cucharadas de mostaza
- 5 cucharadas de mayonesa
- 2 latas de atún, drenadas
- ¼ de taza de chiles en vinagre picados
- 100 g de aceitunas sin semilla picadas

- 24 rebanadas de pan de caja, sin orillas
- ½ taza de frijoles refritos
- 6 rebanadas de jamón de pierna
- 6 rebanadas de queso amarillo
- 20 g de mantequilla
- sal y pimienta al gusto

Preparación

Salsa de pimiento

1. Licue todos los ingredientes hasta obtener una salsa tersa y homogénea; si es necesario, pásela por un colador. Resérvela en refrigeración.

Sandwichón

1. Mezcle en un tazón el pollo, la mostaza, 3 cucharadas de mayonesa, sal y pimienta. Reserve en refrigeración.

2. Coloque en un tazón el atún, los chiles en vinagre, las aceitunas y la mayonesa restante; mezcle bien todos los ingredientes y reserve en refrigeración.

3. Cubra la base de un refractario con 6 rebanadas de pan; úntelas con los frijoles refritos; acomode encima las rebanadas de jamón de pierna y coloque sobre éste las rebanadas de queso amarillo.

4. Unte con la mantequilla un sólo lado de 6 rebanadas de pan y cubra con éstas el queso amarillo, de manera que el lado con la mantequilla quede sobre el queso.

5. Acomode sobre el pan la preparación de pollo y cubra con otras 6 rebanadas de pan; coloque encima la mezcla de atún y termine con una última capa de pan.

6. Bañe el sandwichón con la salsa de pimiento y refrigere hasta el momento de servir. Corte y desmolde las porciones en la mesa.

Enchiladas, enfrijoladas y enmoladas

Ingredientes para 4 porciones de cada una

Enchiladas
- 300 g de tomates
- ½ cebolla
- 2 dientes de ajo
- 2 chiles verdes
- 2 ramas de cilantro
- c/s de aceite para freír
- 12 tortillas de maíz
- 300 g de pechuga de pollo cocida y deshebrada
- 150 g de queso Gouda rallado
- sal al gusto

Enfrijoladas
- 300 g de frijoles de la olla
- 1 cucharada de aceite + c/s para freír
- 8 tortillas de maíz
- 250 g de pechuga de pollo cocida y deshebrada
- 100 g de queso fresco desmoronado
- cebolla picada finamente, al gusto
- crema al gusto

Enmoladas
- c/s de aceite
- 8 tortillas de maíz
- 250 g de pechuga de pollo cocida y deshebrada
- 300 g de mole preparado
- 100 g de queso fresco desmoronado
- cebolla picada finamente, al gusto
- crema al gusto

Preparación

Enchiladas
1. Hierva en una olla con suficiente agua los tomates, la cebolla, el ajo y los chiles; cueza hasta que los tomates estén cocidos. Retire del fuego, licue con el cilantro, agregue sal y reserve.
2. Precaliente el horno a 180 °C.
3. Caliente el aceite en un sartén y sumerja las tortillas, una por una, durante unos segundos; retire del aceite y coloque sobre papel absorbente para retirar el exceso de grasa.
4. Rellene las tortillas con el pollo deshebrado y enróllelas; atraviéselas con un palillo de madera para sujetarlas y evitar que se desenrollen.
5. Coloque las tortillas rellenas en un refractario pequeño, báñelas con la salsa verde y espolvoree el queso Gouda. Hornee las enchiladas hasta que el queso se haya derretido y esté ligeramente dorado.
6. Saque del horno y sirva.

Enfrijoladas
1. Licue los frijoles con un poco de su caldo. Caliente 1 cucharada de aceite en una olla y vierta los frijoles licuados y deje hervir durante 5 minutos; retire del fuego y reserve.
2. Caliente el aceite restante en un sartén y sumerja las tortillas, una por una, durante unos segundos; retire del aceite y colóquelas sobre papel absorbente.
3. Rellene las tortillas con el pollo deshebrado y dóblelas por la mitad. Coloque 2 en un plato y báñelas con los frijoles. Acompañe con queso fresco, cebolla picada y crema.

Enmoladas
1. Caliente el aceite en un sartén y sumerja las tortillas, una por una, durante unos segundos; retire del aceite y colóquelas sobre papel absorbente.
2. Rellene las tortillas con el pollo deshebrado y dóblelas por la mitad. Coloque 2 en un plato y báñelas con el mole. Acompañe con queso fresco, cebolla picada y crema.

Espagueti con salsa de chile poblano y queso crema

Ingredientes para 4 porciones

- 1 paquete de espagueti
- 1 pizca de sal
- 1 cucharada de aceite de oliva
- 2 chiles poblanos asados, sin piel, venas ni semillas
- ½ taza de leche
- 1 cucharada de crema
- 190 g de queso crema
- 1 cucharada de mantequilla

Guarnición

- rajas de chile poblano al gusto
- granos de elote al gusto
- queso parmesano rallado, al gusto
- pan tostado, al gusto

Preparación

1. Cueza el espagueti en una olla con suficiente agua hirviendo y 1 pizca de sal durante 10 minutos, o según indiquen las instrucciones del paquete.
2. Retire del fuego, escurra y refrésquelo con agua helada. Coloque el espagueti en un tazón, agregue el aceite de oliva, mezcle, cúbralo con plástico autoadherible y reserve.
3. Licue los chiles poblanos con la leche, la crema y el queso crema, hasta obtener una salsa tersa y homogénea.
4. Derrita la mantequilla en una cacerola y vierta la salsa; cuando hierva, agregue el espagueti; retire del fuego cuando el espagueti esté caliente.
5. Sirva y acompañe con la guarnición.

Espinazo de cerdo en salsa de chile pasilla

Ingredientes para 4 porciones

Salsa de chile pasilla

- 250 g de nopales cortados en cubos pequeños
- 8 chiles pasilla sin venas ni semillas, hidratados en agua caliente
- 5 jitomates
- 2 dientes de ajo picados
- 1 cucharadita de manteca de cerdo
- sal al gusto
- orégano seco molido, al gusto

Espinazo de cerdo

- 1 cucharada de manteca de cerdo
- 700 g de espinazo de cerdo en trozos
- ½ ℓ de agua
- 2 dientes de ajo picados
- ½ cebolla rebanada
- sal y pimienta al gusto

Preparación

Salsa de chile pasilla

1. Hierva los nopales en suficiente agua con sal durante 10 minutos; retire del fuego, enjuáguelos varias veces, escúrralos y reserve.
2. Licue los chiles pasilla, los jitomates y el ajo; si es necesario, agregue un poco de agua y cuele.
3. Caliente la manteca en una olla y vierta la salsa; deje hervir y añada sal, orégano y los nopales. Retire del fuego y reserve.

Espinazo de cerdo

1. Caliente la manteca de cerdo en una olla y selle los trozos de carne por todos sus lados hasta que se doren ligeramente.
2. Agregue el resto de los ingredientes y deje que hierva el agua. Vierta la salsa de chile pasilla y cueza durante 15 minutos o hasta que la carne esté suave. Rectifique la cantidad de sal, retire del fuego y sirva.

Fideos secos con chorizo de la tía Toñita

Ingredientes
para 4 porciones

- 1½ cucharadas de aceite
- 250 g de fideos de sémola de trigo
- 6 jitomates
- ½ cebolla
- 2 dientes de ajo
- 150 g de chorizo español cortado en rodajas
- 150 g de chorizo argentino cortado en rodajas
- 250 g de camarones pacotilla
- sal al gusto
- crema al gusto
- queso fresco desmoronado, al gusto
- hojas de perejil al gusto

Preparación

1. Caliente el aceite en un sartén y fría los fideos hasta que se doren ligeramente; retire del fuego y reserve.
2. Licue los jitomates, la cebolla y el ajo con sal; cuele y reserve.
3. Caliente un sartén y saltee los chorizos hasta que suelten toda su grasa; vierta el jitomate licuado, mezcle e integre los fideos fritos.
4. Incorpore los camarones y rectifique la cantidad de sal, baje el fuego al mínimo y cueza hasta que se haya reducido todo el líquido y la preparación esté seca. Retire del fuego.
5. Sirva y acompañe con crema y queso fresco; decore con hojas de perejil.

Frijol con puerco

Ingredientes
para 8 porciones

- 20 g de manteca de cerdo
- 1 cebolla picada
- 400 g de frijoles negros remojados durante toda una noche, drenados
- 2 ℓ de agua
- 8 hojas de epazote
- 1 cucharadita de sal
- 600 g de espaldilla de cerdo cortada en cubos
- sal y pimienta al gusto

Guarnición

- cebolla picada, al gusto
- cilantro picado, al gusto
- chile habanero cortado en rodajas, al gusto
- rábanos cortados en rebanadas, al gusto

Preparación

1. Caliente en una olla la manteca de cerdo y acitrone la cebolla; agregue los frijoles, el agua, el epazote y la cucharadita de sal; deje que hierva, baje el fuego al mínimo y cueza durante 1 hora.

2. Salpimiente la carne e incorpórela a la olla con los frijoles; cueza durante 30 minutos o hasta que la carne esté suave. Retire del fuego.

3. Sirva caliente y acompañe con la guarnición.

La gelatina de limón de la tía Horte

Ingredientes
para 6 porciones

- 1 lata de leche condensada
- 1 lata de leche evaporada
- 50 ml de jugo de limón
- 1 paquete de gelatina de limón
- ½ ℓ de leche tibia

Presentación

- 200 ml de crema batida
- frutos rojos al gusto
- la ralladura de 2 limones

Preparación

1. Mezcle en un tazón la leche condensada, la leche evaporada y el jugo de limón; reserve.
2. Disuelva la gelatina en la leche tibia y mezcle hasta deshacer todos los grumos; integre a la mezcla de leches.
3. Vierta la preparación en un molde de rosca y refrigere hasta que la gelatina cuaje.
4. Saque del refrigerador, desmolde y decore con la crema batida, los frutos rojos y la ralladura de limón.

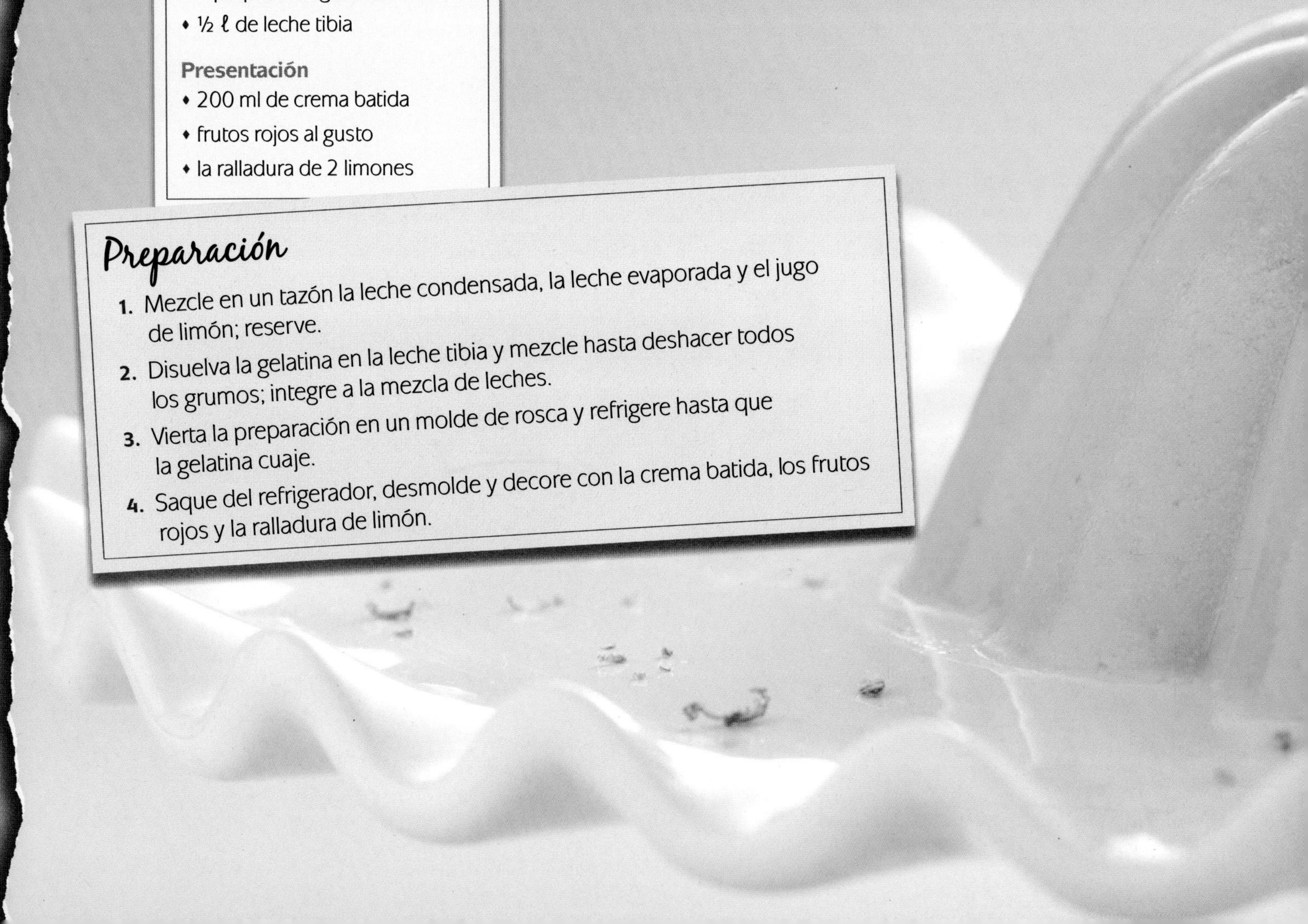

La sopa de cebolla de mi jefecita chula

Ingredientes para 6 porciones

- 200 g de mantequilla
- 1 kg de cebolla fileteada
- 2½ ℓ de caldo de pollo
- sal y pimienta al gusto

Presentación
- queso Gouda rallado, al gusto
- rebanadas de huevo cocido, al gusto
- chile de árbol seco frito, al gusto
- gajos de limón al gusto (opcional)

Preparación

1. Caliente la mantequilla en una olla y agregue la cebolla, sal y pimienta; mueva constantemente hasta que las cebollas se caramelicen.
2. Vierta el caldo de pollo y hierva durante 25 minutos. Rectifique la cantidad de sal y pimienta.
3. Sirva la sopa caliente, espolvoree el queso Gouda y acompañe con rebanadas de huevo cocido, chile de árbol y gajos de limón.

Las carnes en su jugo de la tía Luchita

Ingredientes
para 4 porciones

- 1 cucharada de aceite
- 100 g de cebolla fileteada
- 2 dientes de ajo picados finamente
- 300 g de bistec de res cortado en cuadros pequeños
- 400 g de sirloin cortado en cubos pequeños
- 150 g de tocino cortado en cubos pequeños
- 3 tazas de frijoles bayos cocidos, con caldo
- 1 rama de epazote + hojas al gusto
- sal y pimienta al gusto

Preparación

1. Caliente el aceite en una olla y acitrone la cebolla y el ajo; agregue el bistec, el sirloin y el tocino y saltee hasta que la carne se dore ligeramente.
2. Incorpore los frijoles con el caldo y añada la rama de epazote, sal y pimienta; hierva durante 10 minutos y retire del fuego.
3. Sirva en tazones individuales y decore con hojas de epazote.

Héroes y piratas

Cuando me preguntan quiénes son mis héroes, siempre respondo: de los personajes históricos, Emiliano Zapata y el Ché Guevara; y de la gente que he conocido, mi padre y mi abuelo: gente muy trabajadora, muy echados pa' delante y que creen en el esfuerzo personal. Porque nadie te regala nada, te lo debes ganar con tu esfuerzo. Y eso yo lo vivo todos los días.

Un beso de mi papá

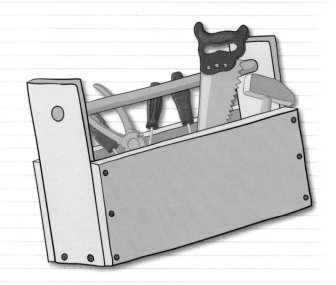

Mi abuelo era puro amor. Se llamaba Sotero Chávez y era carpintero. Se casó con mi abuela Antonia en la época de la Guerra Cristera; de hecho, se casaron en el monte, escondidos, por la persecución religiosa. Mis abuelos eran michoacanos y los dos primeros hermanos de mi papá nacieron en Michoacán, pero mi papá ya nació en el Distrito Federal, en Peralvillo, ahí por el mercado de Beethoven.

Mi papá fue el único de los hermanos que estudió en la universidad, en el Poli, porque mis abuelos eran humildes; como dije, mi abuelo era carpintero y mi abuela cosía. Mi papá es ingeniero geólogo, con maestría en la UNAM y, hoy por hoy, es uno de los geólogos más reconocidos que hay. Cada año participa en el congreso de geología más importante del mundo, en Estados Unidos, como ponente, y da clases de verano en varias ciudades de Europa, incluida la mejor escuela de geología, que está en Marsella.

Recuerdo que la noche anterior a que mi abuelo muriera, mi hermano y yo fuimos a darle el beso de las buenas noches, sin imaginar que moriría al día siguiente. Yo tendría ocho o nueve años entonces. Y esa noche mi abuelo me dijo algo que cambiaría mi vida. Recuerdo sus palabras: "No copies a nadie y sé tú mismo; nunca copies a nadie." Y nos fuimos a dormir. En la madrugada se puso muy malo y mi papá lo llevó al hospital… se le murió en los brazos.

Por eso, cuando tenga mi propio restaurante se va a llamar Sotero, en su memoria… Y el logotipo será un serrucho y un martillo.

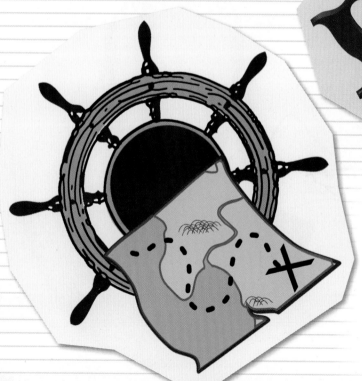

Ellos son mis héroes. Mis héroes piratas.

Estoy seguro que si viví en vidas pasadas, seguramente fui un pirata, porque cocinar es como ser pirata. Pero sólo me refiero a esos piratas románticos de novela inglesa, como el *Capitán Sangre*, con Errol Flynn, o como Jack Sparrow.

Jack Sparrow tiene un corazón de pollo y nunca se da por vencido. Un pirata es el que siempre se echa para adelante, que todo lo resuelve, que *baja balones en el aire* y mete goles de media cancha. Para él no hay nada imposible, todo lo resuelve. Nada le causa conflicto porque para todo tiene una solución… y si no se soluciona, pues a ver qué pasa, ¿no?

Si existe la reencarnación estoy seguro de que debo haber sido un corsario, pero nada sanguinario, de los buenos.

Los chilaquiles verdes de todos los domingos

Ingredientes para 4 porciones

Totopos
- 16 tortillas de maíz
- c/s de aceite para freír
- sal al gusto

Salsa verde
- 2 chiles serranos
- 6 tomates cortados en cuartos
- 1 diente de ajo

- ½ cebolla
- c/s de agua
- 1 cucharada de manteca de cerdo
- 1 rama de epazote
- sal y pimienta al gusto

Presentación
- 4 huevos estrellados

- crema al gusto
- cebolla cortada en rodajas, al gusto
- queso fresco desmoronado, al gusto
- hojas de epazote al gusto (opcional)

Preparación

Totopos
1. Corte cada tortilla en 6 triángulos. Caliente el aceite en un sartén y fría los totopos hasta que se doren por ambos lados y estén crujientes; retírelos del aceite y colóquelos sobre papel absorbente para eliminar el exceso de grasa.
2. Coloque los totopos en un recipiente y espolvoréeles sal. Reserve.

Salsa verde
1. Licue los chiles, los tomates, el ajo y la cebolla; si es necesario agregue un poco de agua.
2. Caliente la manteca en una cacerola y vierta la salsa; agregue la rama de epazote, sal y pimienta, y fría hasta que la salsa se reduzca y esté ligeramente espesa.

Presentación
1. Distribuya los totopos en 4 platos y báñelos con la salsa verde; acompañe cada porción con un huevo estrellado y decore con crema, rodajas de cebolla, queso fresco y una hoja de epazote.

Los pulpos en su tinta de la tía Silvia

Ingredientes
para 6 porciones

- 650 g de pulpo limpio
- 2 dientes de ajo + 4 picados finamente
- 1 cebolla cortada por la mitad + 150 g picada finamente
- 30 g de tinta de calamar
- ¼ de taza de vinagre blanco
- 1½ cucharadas de aceite
- 1 cucharadita de cilantro picado
- 1 cucharadita de perejil picado
- 250 g de arroz blanco cocido
- sal al gusto

Preparación

1. Coloque en una olla de presión el pulpo, los 2 dientes de ajo, la cebolla cortada por la mitad, sal y suficiente agua para cubrir todos los ingredientes. Cierre la olla y cueza durante 30 minutos.

2. Retire del fuego y deje enfriar la olla, destápela y deseche el agua de cocción. Corte la cabeza del pulpo y deséchela; corte los tentáculos en trozos medianos y resérvelos en refrigeración en un recipiente con tapa.

3. Disuelva en un tazón la tinta de calamar con el vinagre y reserve.

4. Caliente el aceite en una cazuela y acitrone la cebolla y el ajo restantes; añada la tinta de calamar, el cilantro, el perejil y los tentáculos de pulpo; cueza por 1 minuto y retire del fuego.

5. Sirva y acompañe con el arroz blanco.

Manitas de cerdo en escabeche

Ingredientes para 8 porciones

- 1 kg de manitas de cerdo limpias
- 1 cucharadita de sal gruesa
- 2 cucharadas de perejil picado
- 2 hojas de laurel
- 1 ½ cucharadas de aceite
- 125 g de cebollas cambray sin tallos, rebanadas

- 1 zanahoria cortada en rodajas
- 5 dientes de ajo
- 2 ramas de mejorana
- 2 ramas de tomillo
- 125 g de coliflor cortada en floretes
- 125 g de champiñones cortados en cuartos

- 125 g de elotes baby cortados en cuartos
- 100 g de chiles en vinagre cortados a lo largo en cuartos
- 125 ml de vinagre blanco
- 1 taza de agua

Preparación

1. Coloque las manitas de cerdo en una olla, cúbralas con agua, agregue la sal gruesa, el perejil y el laurel y cueza durante 1 ½ horas. Retire del fuego y deje enfriar.

2. Caliente el aceite en una cacerola, saltee las cebollas cambray, las rodajas de zanahoria y los ajos, deje que se doren ligeramente y añada el resto de los ingredientes. Hierva hasta que los vegetales estén cocidos y retire del fuego.

3. Retire la carne del hueso de las manitas, córtela en cubos e incorpórela a los vegetales en escabeche.

4. Vierta en un tarro y conserve en refrigeración; o bien, deje enfriar y sirva.

Mole de gallina y arroz con menudencias

Ingredientes para 4 porciones

Arroz con menudencias

- ¼ de cebolla
- 1 diente de ajo
- 4 jitomates
- 1½ tazas de caldo de pollo
- 1 taza de arroz
- 1 cucharada de aceite
- 1 zanahoria cortada en cubos pequeños
- 100 g de chícharos
- menudencias de pollo cocidas, al gusto
- sal y pimienta al gusto

Mole de gallina

- 8 chiles anchos sin venas ni semillas, hidratados en agua caliente
- 6 chiles mulatos sin venas ni semillas, hidratados en agua caliente
- 10 chiles chipotle sin venas ni semillas, hidratados en agua caliente
- 6 dientes de ajo
- 1 jitomate
- 1 cucharadita de ajonjolí tostado + c/s para decorar
- ½ cucharadita de anís
- ½ raja de canela
- 3 clavos
- 2 pimientas negras
- 1½ ℓ de caldo de pollo
- 1 cucharada de manteca de cerdo
- ½ tablilla de chocolate en trozos
- 4 piernas de gallina con muslo, cocidas

Preparación

Arroz con menudencias

1. Licue la cebolla, el ajo y los jitomates con 1 taza del caldo de pollo, sal y pimienta; cuele, mezcle el caldo restante y reserve.

2. Lave el arroz, remójelo en agua tibia por 15 minutos y escúrralo. Caliente el aceite en una cacerola, agregue el arroz y dórelo ligeramente.

3. Vierta el licuado sobre el arroz y cuando hierva, baje el fuego al mínimo. Agregue la zanahoria y los chícharos, tape la olla y cueza por 15 minutos.

4. Añada las menudencias de pollo, mezcle y retire del fuego. Reserve.

Mole de gallina

1. Licue los chiles, los dientes de ajo, el jitomate, el ajonjolí y las especias con 1 taza del caldo de pollo hasta obtener una salsa tersa y homogénea.

2. Caliente la manteca en una cacerola y fría la salsa; agregue el resto del caldo de pollo y mezcle. Añada el chocolate, baje el fuego y cueza, moviendo constantemente hasta que la salsa tenga una consistencia espesa. Retire del fuego.

3. Sirva una pieza de gallina y báñela con el mole, decórela con ajonjolí tostado y acompañe con el arroz con menudencias. Haga lo mismo con el resto de las piezas de gallina.

Mole verde con pollo y arroz

Ingredientes
para 4-6 porciones

Arroz
- ¼ de cebolla
- 1 diente de ajo
- 2 tazas de caldo de pollo
- 1 taza de arroz
- 1 cucharada de aceite
- 1 taza de ejotes cortados en cuatro y blanqueados
- sal y pimienta al gusto

Mole verde
- 1 pollo cortado en piezas
- ½ cebolla
- 2 dientes de ajo
- ½ kg de tomates
- 3 chiles serranos
- 3 hojas de lechuga
- 2 ramas de cilantro
- 1 calabacita cocida
- 1 cucharadita de anís
- 1 raja de canela
- ¼ de cucharadita de comino
- 1 cucharada de manteca de cerdo
- 1 rama de epazote
- ½ taza de pepita de calabaza molida finamente
- ¼ de taza de pepitas de calabaza troceadas

Preparación

Arroz

1. Licue la cebolla y el ajo con el caldo de pollo, sal y pimienta, cuele y reserve.
2. Lave el arroz, remójelo en agua tibia por 15 minutos y escúrralo. Caliente el aceite en una cacerola, agregue el arroz y dórelo ligeramente.
3. Vierta el licuado sobre el arroz y cuando hierva, baje el fuego al mínimo, tape la olla y cueza por 15 minutos.
4. Añada los ejotes, mezcle y retire del fuego. Reserve.

Mole verde

1. Coloque en una olla el pollo, la cebolla y los ajos y cúbralos con agua. Hierva hasta que el pollo esté cocido y retire del fuego. Reserve el pollo y el caldo por separado.
2. Licue los tomates, los chiles serranos, las hojas de lechuga, el cilantro y la calabacita con las especias, el ajo y la cebolla del caldo; vierta el caldo de pollo necesario hasta obtener una salsa homogénea y tersa.
3. Caliente la manteca de cerdo en una olla y fría la salsa; agregue la rama de epazote.
4. Integre a la salsa la pepita de calabaza alternando con el caldo de pollo restante; cueza durante 20 minutos o hasta que el mole adquiera la consistencia deseada, moviendo constantemente. Retire del fuego y deseche la rama de epazote.
5. Sirva una pieza de pollo y báñela con el mole verde, haga lo mismo con las porciones restantes; espolvoree las pepitas troceadas y acompañe con el arroz.

Pancita

Ingredientes para 4 porciones

- 1 kg de pancita de res limpia, cortada en trozos medianos
- ½ cebolla + 1 pieza rebanada
- 1 cucharadita de manteca de cerdo
- 5 chiles guajillos sin venas ni semillas, hidratados en agua caliente
- 5 chiles anchos sin venas ni semillas, hidratados en agua caliente
- 3 dientes de ajo fileteados
- 1 jitomate sin piel y cortado en cubos pequeños
- 2 ramas de epazote picadas
- sal al gusto

Guarnición

- cebolla picada, al gusto
- orégano seco al gusto
- chile de árbol seco cortado en rodajas, al gusto
- limones partidos en cuartos, al gusto

Preparación

1. Coloque en una olla la pancita, ½ cebolla, sal y agua suficiente para cubrir los ingredientes. Hierva hasta que la pancita esté cocida. Retire del fuego y reserve el caldo de cocción y la pancita por separado.

2. Caliente en una olla la manteca de cerdo y fría los chiles, la cebolla rebanada y los ajos; añada el jitomate y cueza durante 5 minutos. Retire del fuego, licue hasta obtener una salsa muy tersa y, si es necesario, agregue un poco del caldo de cocción. Cuele.

3. Vierta la salsa en una cacerola y agregue la pancita y el resto del caldo de cocción. Cuando hierva, baje el fuego y cueza por 10 minutos, agregue sal y retire del fuego.

4. Sirva la pancita caliente y acompañe con la guarnición.

Pavo con piña

Ingredientes
para 4 porciones

- 800 g de pechuga de pavo rebanada
- 1 ½ tazas de vino blanco
- 90 g de mantequilla
- ¼ de taza de azúcar mascabado
- 1 lata de piña en almíbar
- sal y pimienta al gusto
- cerezas en almíbar al gusto
- hojas de lechuga al gusto
- 200 g de puré de papa (opcional)

Preparación

1. Marine las rebanadas de pechuga de pavo con el vino blanco durante toda la noche. Escurra y reserve el vino y las rebanadas de pavo por separado.

2. Precaliente el horno a 200 °C.

3. Acreme la mantequilla y mezcle con el azúcar mascabado; cubra las rebanadas de pavo con la mantequilla y reserve.

4. Drene la lata de piña en almíbar y reserve el almíbar y 2 rebanadas de piña; licue las rebanadas restantes con el vino que reservó.

5. Coloque las rebanadas de pavo y las rebanadas de piña que reservó en un refractario y vierta el licuado de piña con vino; deje marinar en refrigeración, mínimo durante 1 hora.

6. Saque del refrigerador y hornee durante 25 minutos; durante la cocción, bañe ocasionalmente las rebanadas de pavo y de piña con los jugos de cocción. Si la preparación luciera muy seca, bañe con un poco del almíbar que reservó. Saque del horno.

7. Sirva las rebanas de pavo sobre una cama de lechugas; corte las rebanadas de piña por la mitad y colóquelas sobre el pavo; acompañe con las cerezas en almíbar y con puré de papa.

Prime rib
de los domingos

Ingredientes
para 4 porciones

Puré de camote a la vainilla

- 4 camotes amarillos
- c/s de aceite de oliva
- las semillas de 1 vaina de vainilla
- 1 cucharadita de nuez moscada en polvo
- 30 g de mantequilla derretida
- ½ taza de crema
- sal y pimienta la gusto

Prime rib

- 500 g de sal gruesa
- 100 ml de aceite de oliva + 1 cucharada
- 2 cucharadas de mezcla de finas hierbas
- 1 pieza de 1 kg de prime rib
- 2 cucharadas de pimienta negra molida
- 2 calabacitas rebanadas a lo largo
- chiles toreados, al gusto (opcional)

Preparación

Puré de camote a la vainilla

1. Precaliente el horno a 200 °C
2. Coloque los camotes sobre una charola para horno, barnícelos con el aceite de oliva y espolvoree con un poco de sal. Hornee durante 25 minutos o hasta que estén cocidos en el centro.
3. Saque del horno y córtelos por la mitad, retire la pulpa con una cuchara y colóquela en un tazón.
4. Mezcle la pulpa del camote con las semillas de vainilla, la nuez moscada, la mantequilla derretida, la crema, la sal y la pimienta; deberá obtener un puré cremoso. Reserve.

Prime rib

1. Precaliente el horno a 100 °C; coloque una hoja de papel siliconado sobre una charola para hornear.
2. Coloque en un tazón la sal gruesa y mezcle con el aceite de oliva y las finas hierbas. Ponga la mitad de la sal sobre la papel siliconado de la charola y reserve el resto.
3. Espolvoree toda la superficie de la carne con la pimienta y colóquela sobre la charola con sal; cúbrala con el resto de la sal.
4. Introduzca la charola en el horno y cueza la carne durante 1 hora aproximadamente, dependiendo del término de cocción deseado.
5. Saque del horno y deje enfriar por 15 minutos, retire la costra de sal y rebane.
6. Caliente una plancha o parrilla, engrásela con una cucharada de aceite y ase las calabacitas por ambos lados.
7. Sirva la carne y acompañe con el puré de camote a la vainilla, las calabacitas asadas y chiles toreados.

Sopa de fideos

Ingredientes para 4 porciones

- 500 g de fideos
- 2 cucharadas de aceite
- 250 g de jitomate
- 1 diente de ajo
- ¼ de cebolla
- 1 ℓ de caldo de pollo
- chiles chipotles adobados, al gusto

- **Guarnición**
- queso panela en cubos, al gusto
- aguacate en cubos, al gusto
- chiles toreados, al gusto
- tortillas de maíz al gusto (opcional)

Preparación

1. Caliente 1 cucharada de aceite en un sartén y dore los fideos, retire del fuego y reserve.
2. Licue el jitomate, el ajo y la cebolla. Caliente el aceite restante en una olla y vierta el licuado, hierva durante 5 minutos.
3. Agregue el caldo de pollo y el chile chipotle, deje hervir y añada los fideos, baje el fuego y cueza durante 5 minutos.
4. Sirva caliente y acompañe con la guarnición.

Tostadas fiesteras de pata y tinga de pollo

Ingredientes para 10 porciones

Tinga de pollo
- 4 jitomates
- 2 dientes de ajo
- 2 cucharadas de aceite de oliva
- 2 cebollas fileteadas
- 2 hojas de laurel
- 2 chiles chipotle adobados
- 1 pechuga de pollo cocida y deshebrada

Pata
- 500 g de pata de res cocida
- 1 taza de agua
- 1 clavo
- 1 pimienta negra
- 1 hoja de laurel
- 1 rama de tomillo
- 2 tazas de vinagre
- 1 cebolla picada finamente
- 1 cucharadita de orégano seco
- sal al gusto

Presentación
- 1 paquete de tostadas
- 100 g de frijoles bayos refritos
- ½ taza de crema
- 1 aguacate rebanado
- 1 jitomate rebanado
- hojas de lechuga fileteadas, al gusto

Preparación

Tinga de pollo

1. Cueza los jitomates y los ajos en una olla con suficiente agua con sal. Retire del agua, quite la piel a los jitomates y lícuelos junto con el ajo; cuele y reserve.

2. Caliente el aceite en una cacerola y acitrone la cebolla; agregue el caldillo de jitomate, las hojas de laurel y el chile chipotle, deje hervir, baje el fuego y agregue el pollo; cueza por 5 minutos y retire del fuego. Reserve.

Pata

1. Lave la pata de res y córtela en cubos pequeños.

2. Coloque en una olla el agua, el clavo, la pimienta, el laurel y el tomillo, hierva durante 5 minutos y retire del fuego. Incorpore el vinagre, la cebolla, el orégano y la pata. Deje reposar durante 1 hora como mínimo.

Presentación

1. Unte las tostadas con los frijoles refritos y acomode sobre ellas un poco de tinga de pollo o de pata; acompañe con crema, aguacate, jitomate y lechuga.

Mis brothers del alma

Esta carrera me ha llenado de buenos amigos y he tenido la suerte de conocer a mucha gente buena onda, que me ha dado mucho. Pero hay amigos con los que te identificas más, con los que haces clic, y que son tus brothers para siempre.

Benito Molina

Édgar Núñez

Ramón Ventura

Y mis brothers del alma son Benito Molina, Édgar Núñez, Ramón Ventura, Emanuel Martínez,...

Emanuel Martínez

Arturo Fernández

... y mis tres compadres:
José Ramón Castillo, Arturo
Fernández y Antonio de Livier.

Antonio de Livier

Podría contar muchas anécdotas de lo que hemos compartido, de toda la buena onda que hay entre nosotros, pero tendría que escribir otro libro…
Así que por ahora, mejor lo dejamos así.

José Ramón Castillo

La cocina changarrera espiralidosa

Birria

Ingredientes para 6 porciones

Birria
- 3 chiles anchos sin venas ni semillas, hidratados en agua caliente
- 3 chiles guajillos sin venas ni semillas, hidratados en agua caliente
- 1 pizca de tomillo seco
- 1 hoja de laurel
- 1 pizca de orégano seco
- 1 cebolla cortada en cuatro
- 2½ ℓ de agua
- 1½ kg de pierna y espaldilla de cordero cortado en trozos

Salsa de jitomate
- 200 g de jitomates asados, pelados y sin semillas
- ½ taza del jugo de cocción de la birria
- sal al gusto

Salsa picante
- 2 chiles guajillos sin venas ni semillas, hidratados en agua caliente
- 10 chiles de árbol sin venas ni semillas, hidratados en agua caliente
- 1 diente de ajo asado
- ½ taza de vinagre blanco
- ⅓ de taza de agua
- sal al gusto

Presentación
- cebolla picada finamente, al gusto
- cilantro picado finamente, al gusto
- tortillas de maíz calientes, al gusto

Preparación

Birria
1. Licue los chiles, el tomillo, el laurel, el orégano y la cebolla con el agua.
2. Coloque la carne de cordero en una olla y cúbrala con la preparación anterior; cueza a fuego bajo por 2 horas, o hasta que la carne esté suave.
3. Retire del fuego, deshebre la carne y manténgala dentro del jugo de cocción.

Salsa de jitomate
1. Licue los jitomates con el jugo de cocción de la birria hasta obtener una salsa tersa. Añada sal y reserve.

Salsa picante
1. Licue todos los ingredientes y reserve.

Presentación
1. Sirva la carne con su jugo en platos hondos y coloque encima un poco de salsa de jitomate caliente.
2. Añada la cebolla y el cilantro; acompañe con las tortillas y la salsa picante.

Carnitas

Ingredientes para 6 porciones

Ensalada de nopales
- 250 g de nopales
- 3 cucharadas de vinagre blanco
- 3 cucharadas de aceite de oliva
- 1 pizca de orégano seco
- 2 cucharadas de cilantro picado finamente
- 3 cucharadas de cebolla picada finamente
- 3 cucharadas de cebolla morada picada finamente
- 1 jitomate cortado en cubos
- sal y pimienta al gusto

Salsa de chiles secos
- 2 chiles guajillos sin venas ni semillas, hidratados en agua caliente
- 10 chiles de árbol sin venas ni semillas, hidratados en agua caliente
- 1 diente de ajo asado
- ¼ de cebolla asada
- 1 rama de cilantro
- 3 jitomates
- ⅓ de taza de agua
- sal al gusto

Carnitas
- ½ taza de manteca de cerdo
- 1 kg de falda y pierna de cerdo cortadas en trozos
- 2 dientes de ajo
- 1 cebolla cortada en cuatro
- 3 hojas de laurel
- 5 pimientas gordas
- el jugo de 2 naranjas
- 300 ml de leche evaporada
- 300 ml de refresco de cola
- 300 ml de refresco de naranja

Presentación
- tortillas de maíz calientes, al gusto
- rebanadas de limón al gusto
- cebolla y cilantro picados, al gusto

Preparación

Ensalada de nopales

1. Corte los nopales en tiras, colóquelos en una olla de cobre, cúbralos con agua, añada una pizca de sal y cuézalos por 10 minutos. Retírelos del fuego, refrésquelos con agua fría y déjelos escurriendo en una coladera por 10 minutos.
2. Mezcle los nopales con los ingredientes restantes y reserve.

Salsa de chiles secos

1. Licue todos los ingredientes y reserve.

Carnitas

1. Caliente la manteca en un cazo de cobre; añada la carne de cerdo, el ajo y la cebolla; dore durante 10 minutos.
2. Incorpore los ingredientes restantes y cueza a fuego bajo por 3 horas.

Presentación

1. Sirva las carnitas acompañadas con la ensalada de nopales, tortillas calientes, limones, cebolla, cilantro y salsa de chiles secos.

Churros

Ingredientes
para 30 churros

- 500 g de harina de trigo
- 10 g de levadura en polvo
- 1 cucharadita de sal
- 750 ml de agua
- c/s de aceite
- c/s de azúcar

Preparación

1. Mezcle en un tazón la harina con la levadura en polvo y la sal; forme un volcán y vierta poco a poco el agua en el interior, amasando bien hasta obtener una pasta espesa y pegajosa.

2. Coloque la pasta en una manga con duya rizada.

3. Caliente el aceite y forme los churros dejándolos caer dentro de éste; fríalos hasta que se doren, retírelos del aceite y escúrralos sobre papel absorbente.

4. Revuelque los churros en el azúcar, sacuda el exceso, y sírvalos acompañados con un chocolate o champurrado caliente.

Coctel y ceviche de mariscos

Ingredientes para 4 porciones

Ceviche

- 400 g de camarones limpios
- 250 g de pulpo cocido, cortado en cubos pequeños
- el jugo de 10 limones
- 2 dientes de ajo picados finamente
- 1 rama de apio picada finamente
- ¼ de taza de cilantro picado finamente
- ¼ de taza de aceite de oliva
- 150 g de cebolla morada fileteada
- 100 g de jitomate cortado en cubos
- sal y pimienta al gusto
- galletas saladas, al gusto (opcional)

Coctel

- 200 g de camarones limpios
- el jugo de 3 limones
- ¼ de taza de col morada rebanada finamente
- ¼ de taza de cebolla picada finamente

- 50 ml de salsa cátsup
- 50 ml de jugo de tomate
- ¼ de taza de granos de elote asados
- ¼ de taza de jitomate cortado en cubos
- 150 g de ostiones
- 150 g de pulpo cocido, cortado en cubos pequeños
- 3 cucharadas de aceite de oliva
- ¼ de taza de aguacate cortado en cubos
- ¼ de taza de cilantro picado finamente
- sal y pimienta al gusto
- galletas saladas, al gusto (opcional)

Preparación

Ceviche

1. Blanquee los camarones en agua hirviendo por 3 minutos. Retírelos y refrésquelos en un tazón con agua y hielo. Escúrralos y reserve.

2. Mezcle en un tazón los camarones, el pulpo, el jugo de limón, el ajo, el apio y el cilantro; marine por 30 minutos en refrigeración.

3. Añada el aceite de oliva, la cebolla morada, el jitomate, sal y pimienta; mezcle y deje reposar durante 5 minutos más.

4. Sirva el ceviche en una copa de cristal acompañado de galletas saladas.

Coctel

1. Blanquee los camarones en agua hirviendo por 3 minutos. Retírelos y refrésquelos en un tazón con agua y hielo. Escúrralos y añádales el jugo de limón, salpimiente y deje reposar por 5 minutos.

2. Mezcle en un tazón la col, la cebolla, la salsa cátsup, el jugo de tomate, los granos de elote y el jitomate. Añada los camarones, los ostiones, el pulpo, el aceite de oliva y el aguacate. Mezcle bien y salpimiente.

3. Sirva el coctel en una copa de cristal, decore con el cilantro picado y acompañe con galletas saladas.

Michelada, chelada y Clamato® preparado

Ingredientes
para 1 porción cada receta

Michelada
- 1 rodaja de limón
- 10 g de sal
- 10 g de chile piquín en polvo
- 20 ml de jugo de limón
- 10 ml de jugo sazonador
- 10 ml de salsa inglesa
- 4 gotas de salsa Tabasco®
- 350 ml de cerveza fría

Chelada
- 1 rodaja de limón
- 10 g de sal
- jugo de limón al gusto
- 350 ml de cerveza fría

Clamato® preparado
- 150 ml de Clamato®
- 10 ml de salsa inglesa
- 10 ml de salsa de soya
- 10 ml de jugo de limón
- 150 ml de cerveza fría
- sal y pimienta al gusto
- rebanadas de limón, al gusto
- almejas ahumadas, al gusto
- pepino rebanado, al gusto
- 1 rama de apio

Preparación

Michelada
1. Pase la rodaja de limón por el borde de un tarro y escárchelo con la sal y el chile piquín.
2. Mezcle en el tarro los demás ingredientes, excepto la cerveza.
3. Añada lentamente la cerveza y sirva.

Chelada
1. Pase la rodaja de limón por el borde de un tarro y escárchelo con la sal.
2. Agregue al tarro el jugo de limón, vierta lentamente la cerveza y sirva.

Clamato® preparado
1. Mezcle el Clamato®, la salsa inglesa, la salsa de soya, el jugo de limón, sal y pimienta.
2. Vacíe la mezcla anterior en un tarro y llénelo con la cerveza. Acompañe con las rebanadas de limón, las almejas y el pepino.

Pambazos de papa con chorizo

Ingredientes para 4 porciones

Adobo
- 100 g de chiles guajillos sin venas ni semillas, asados e hidratados en agua caliente
- 2 dientes de ajo
- 100 g de cebolla
- 1 taza de agua

Pambazos
- 4 panes para pambazo
- 4 cucharadas de aceite

- 400 g de chorizo español cortado en cubos pequeños
- 300 g de papa cocida, pelada y cortada en cubos pequeños
- sal y pimienta al gusto

Presentación
- ½ taza de crema ácida
- 100 g de lechuga rebanada
- ½ taza de queso fresco desmoronado
- salsa verde, al gusto (ver pág. 32)

Preparación

Adobo
1. Licue los chiles con los ajos, la cebolla y el agua. Salpimiente y reserve.

Pambazos
1. Parta los panes por la mitad a lo largo.
2. Sumerja los panes en el adobo y fríalos en un sartén con aceite caliente. Reserve.
3. Fría el chorizo en su propia grasa; una vez dorado, incorpore la papa, salpimiente, cocine por 2 minutos y retire del fuego.

Presentación
1. Abra los pambazos y rellénelos con la mezcla de chorizo y papa; sírvalos con crema, lechuga, queso y salsa verde.

Panuchos y salbutes

Ingredientes para 6 porciones

Cebolla morada curada
- 1 taza de cebolla morada fileteada
- ¼ de taza de jugo de naranja agria
- 1 chile habanero asado, sin venas ni semillas y picado finamente
- 1 pizca de orégano seco
- sal y pimienta al gusto

Cochinita pibil
- 90 g de pasta de achiote
- el jugo de 4 limones
- el jugo de 2 naranjas agrias
- 4 cucharadas de vinagre blanco
- ½ cucharadita de orégano seco
- 2 hojas de laurel
- 500 g de falda de cerdo cortada en trozos
- c/s de caldo de cerdo
- sal y pimienta al gusto

Panuchos
- 500 g de masa de maíz nixtamalizado
- 250 g de frijoles negros refritos
- c/s de aceite
- lechuga rebanada, al gusto
- salsa verde, al gusto (ver pág. 32)

Salbutes
- 1 cucharada de aceite
- 250 g de carne de cerdo molida
- 1 jitomate picado finamente
- 2 dientes de ajo picados finamente
- 1 cebolla morada picada finamente
- 4 tazas de harina de maíz
- 3 cucharadas de harina de trigo
- 1 cucharadita de polvo para hornear
- 3 cucharadas de manteca
- 1 taza de agua
- c/s de aceite para freír
- 1 lechuga rebanada
- queso añejo rallado, al gusto
- sal al gusto

Preparación

Cebolla morada curada
1. Mezcle todos los ingredientes y déjelos reposar en refrigeración durante 2 horas como mínimo.

Cochinita pibil
1. Mezcle la pasta de achiote con el jugo de limón, el jugo de naranja, el vinagre, el orégano y el laurel.
2. Incorpore la carne de cerdo, salpimiente y deje reposar por 2 horas.
3. Cueza en una olla la carne con el líquido de la marinada durante 1 ½ horas; si la preparación se seca demasiado, añada un poco de caldo de cerdo. Retire del fuego, deje enfriar la carne, deséhebrela y reserve.

Panuchos
1. Haga pequeñas esferas de 3 centímetros con la masa y aplánelas para formar tortillas gruesas; cuézalas en un comal. Abra las tortillas por la mitad, levánteles la parte más delgada y rellénelas con frijoles. Fríalas en abundante aceite, déjelas escurrir sobre papel absorbente y reserve.
2. Sirva los panuchos con la cochinita pibil encima y decórelos con la cebolla morada curada y la lechuga. Acompañe con la salsa verde.

Salbutes
1. Sofría la carne en el aceite hasta que se dore; agregue el jitomate, el ajo, la cebolla y salpimiente; cueza a fuego medio por 5 minutos más y reserve.
2. Mezcle las harinas con el polvo para hornear, la manteca y una pizca de sal; añada el agua poco a poco y mezcle bien hasta formar una masa homogénea.
3. Haga esferas pequeñas con la masa y aplánelas para formar tortillas gruesas; fríalas en aceite hasta que se inflen; retírelas del aceite y déjelas escurrir sobre papel absorbente.
4. Abra las tortillas por la mitad, rellénelas con la carne de cerdo y agrégueles la lechuga, el queso añejo y la cebolla morada curada.

Los tacos

La cocina mexicana es una cocina con mucha, muchísima técnica. Es una de las cocinas con mayor complejidad técnica. Pero uno de los platos característicos o emblemáticos de México es el taco. Y aunque aparentemente sólo es una tortilla acompañada de lo que se te ocurra, realmente el taco refleja una identidad, nuestra identidad nacional. Su base es la tortilla, y somos hijos de la cultura del maíz. La cobija del taco es la tortilla y la forma de rellenarla es tan variada y tan extensa como nosotros los mexicanos.

El taco lo puedes rellenar de lo que tú quieras, lo puedes comer a la hora que quieras y como quieras: frío, caliente, frito, blandito, mojado, suavecito, enchilado, sudado…

Y así somos nosotros, como nuestro país que es afortunadamente rico y multicultural, porque tenemos de todo. Y así es nuestra cocina: la cocina de Yucatán no se parece en absoluto a la cocina de Jalisco, y la de Jalisco nada a la oaxaqueña, y la oaxaqueña nada a la de Campeche. Hay hilos conductores que las unen, por supuesto, pero, tienen su sello propio. El taco ejemplifica perfectamente esta multiculturalidad.

Y además, el taco es democrático. Todos comemos tacos: ricos, pobres, flacos, gordos, hombres, mujeres, niños… todos.

Pescaditos fritos y mojarras fritas

Ingredientes
para 4 porciones

Pescaditos fritos
- 600 g de filete de pescado (sierra, huachinango, robalo)
- 250 g de harina + c/s para enharinar
- 1 huevo
- 200 ml de cerveza
- ⅓ de cucharadita de bicarbonato de sodio
- ½ cucharadita de sal
- c/s de aceite para freír
- limones partidos por la mitad, al gusto
- salsa picante de botella, al gusto
- sal y pimienta al gusto

Mojarras fritas
- 4 mojarras grandes, limpias
- 3 dientes de ajo machacados
- el jugo de 3 limones
- c/s de aceite para freír
- 100 g de harina
- limones partidos por la mitad, al gusto
- salsa picante de botella, al gusto
- ensalada fresca (jitomate, cebolla, zanahoria, lechuga), al gusto
- sal y pimienta al gusto

Preparación

Pescaditos fritos

1. Corte el pescado en tiras gruesas de 10 centímetros de largo, salpimiéntelo y reserve.

2. Mezcle 250 g de harina con el huevo, la cerveza, el bicarbonato de sodio y la sal.

3. Caliente el aceite en una cacerola. Enharine las tiras de pescado, rebócelas de una en una en la mezcla de harina y fríalas en el aceite caliente hasta que estén doradas. Retírelas y colóquelas sobre papel absorbente para eliminar el exceso de grasa.

4. Sirva caliente y acompañe con limones y salsa picante de botella.

Mojarras fitas

1. Salpimiente las mojarras, mezcle el ajo y el jugo de limón, cúbralas con esta mezcla y déjelas reposar por 30 minutos en el refrigerador.

2. Caliente el aceite en un sartén, enharine las mojarras, sacuda el exceso y fríalas.

3. Sirva las mojarras acompañadas con limones, salsa picante de botella y ensalada fresca.

Quesadillas de comal y quesadillas fritas

Ingredientes para 6 porciones

Masa para quesadillas
- 500 g de masa de maíz nixtamalizado
- 60 g de manteca
- sal al gusto

Relleno de flor de calabaza
- 2 cucharadas de aceite
- ¼ de taza de cebolla picada finamente
- 200 g de flores de calabaza sin tallos ni pistilos, picadas
- 1 rama de epazote picada finamente
- sal al gusto

Quesadillas
- 150 g de frijoles negros refritos
- 300 g de queso Oaxaca deshebrado
- c/s de aceite para freír
- 1 taza lechuga picada (opcional)
- 200 g de crema ácida (opcional)
- salsa de chile de árbol, al gusto (ver pág. 32)

Preparación

Masa para quesadillas
1. Amase la masa con la manteca y la sal hasta que se integren los ingredientes y la mezcla no se pegue en las manos. Reserve.

Relleno de flor de calabaza
1. Caliente el aceite en un sartén y acitrone la cebolla; añada la flor de calabaza y cocine por 5 minutos más. Agregue el epazote y la sal y reserve.

Quesadillas
1. Para las quesadillas de comal, haga esferas de 3 centímetros con la mitad de la masa, y forme tortillas con la máquina tortilladora. Coloque las tortillas sobre el comal y cueza por ambos lados. Ponga sobre las tortillas cocidas 1 cucharada de queso Oaxaca y 1 cucharada del relleno, ya sea de flor de calabaza o frijoles; doble la tortilla por la mitad y retire del fuego cuando el queso se haya derretido. Acompañe con salsa de chile de árbol.
2. Para las quesadillas fritas, haga esferas de 3 centímetros con la masa restante, y forme tortillas con la máquina tortilladora.
3. Rellene las tortillas crudas con queso Oaxaca y con flor de calabaza o frijoles, dóblelas y presione las orillas para sellarlas.
4. Fría las quesadillas en aceite caliente hasta que se doren y colóquelas sobre papel absorbente para retirar el exceso de grasa.
5. Acompañe las quesadillas fritas con lechuga, crema y salsa de chile de árbol. Sirva de inmediato.

Sopes y gorditas

Ingredientes para 4 porciones

Salsa verde
- 60 g de cebolla asada
- 2 dientes de ajo asados
- 200 g de tomate verde asado
- 1 rama de cilantro
- 4 chiles serranos asados
- sal al gusto

Sopes
- 500 g de harina de maíz
- 10 g de sal

- 50 g de manteca de cerdo
- 200 ml de agua
- 1 taza de frijoles refritos
- ½ pechuga de pollo cocida y deshebrada
- 1 taza de lechuga rebanada
- ½ taza de cebolla morada fileteada
- ½ taza de queso fresco rallado

Gorditas de chicharrón
- 3 tomates verdes
- 2 chiles de árbol verdes
- 2 chiles guajillos sin venas ni semillas, hidratados en agua caliente
- 60 g de cebolla
- 1 diente de ajo
- 1 rama de cilantro
- ¼ de taza de agua

- 300 g de chicharrón prensado
- c/s de aceite para freír
- 500 g de masa de maíz nixtamalizado
- sal al gusto
- ½ taza de queso fresco rallado
- cebolla picada finamente, al gusto

Preparación

Salsa verde
1. Licue todos los ingredientes y reserve.

Sopes
1. Mezcle en un recipiente la harina de maíz con la sal, la manteca y el agua; trabájela hasta obtener una masa homogénea.
2. Forme con la masa esferas de 3 centímetros de diámetro y aplánelas con ayuda de una máquina tortilladora.
3. Caliente un comal y cueza las tortillas por ambos lados.
4. Presione los bordes de cada sope para formar un contorno realzado que pueda contener el relleno, y pellizque el interior de los mismos. Reserve.
5. Unte los frijoles refritos sobre los sopes, coloque encima el pollo deshebrado y acompañe con la lechuga, la cebolla morada, el queso fresco y salsa verde al gusto.

Gorditas de chicharrón
1. Licue los tomates con los chiles, la cebolla, el ajo, el cilantro y el agua. Caliente una olla, vierta la salsa y agregue el chicharrón prensado; hierva hasta que la mezcla quede casi seca y añada sal.
2. Caliente el aceite en un sartén de paredes altas.
3. Tome una bolita de masa y rellénela con una cucharada de chicharrón guisado. Aplánela hasta formar una gordita, cuidando que el relleno no se salga, y fríala por ambos lados hasta que se dore. Sáquela del aceite y escúrrala sobre papel absorbente. Repita este paso hasta terminar con la masa y el chicharrón.
4. Abra las gorditas y rellénelas con el queso fresco, la cebolla y salsa verde al gusto.

Tacos de cabeza y al pastor

Ingredientes para 4 porciones

Tacos de cabeza

- 400 g de carne de cabeza de res
- ½ cebolla
- 2 dientes de ajo
- 1 hoja de laurel
- 1 rama de tomillo
- 1 rama de mejorana
- 6 pimientas negras
- ¼ de taza de aceite
- sal al gusto

- 2 chiles anchos sin venas ni semillas, hidratados en agua caliente
- 1 jitomate asado
- 100 g de cebolla
- 1 diente de ajo
- ½ cucharadita de comino
- 3 clavos de olor
- 100 ml de jugo de piña
- 6 cucharadas de aceite
- sal al gusto

Presentación

- tortillas de maíz al gusto
- cebolla picada finamente, al gusto
- cilantro picado finamente, al gusto
- salsa de chile de árbol, al gusto (ver pág. 32)

Tacos al pastor

- 400 g de pierna de cerdo en trozos
- 100 ml de vinagre blanco
- 2 chiles guajillos sin venas ni semillas, hidratados en agua caliente

Presentación

- tortillas de maíz taqueras al gusto
- cebolla picada finamente, al gusto
- cilantro picado finamente, al gusto
- salsa de chile de árbol, al gusto (ver pág. 32)
- piña cortada en trozos pequeños, al gusto

Preparación

Tacos de cabeza

1. Coloque la carne en una olla y cúbrala con agua. Añada la cebolla, el ajo, las hierbas aromáticas, las pimientas y un poco de sal. Cueza a fuego medio por 50 minutos. Retire del fuego, cuele y pique la carne.
2. Caliente el aceite en un sartén y fría la carne hasta que se dore. Rectifique la cantidad de sal.

Presentación

1. Distribuya la carne en las tortillas para formar los tacos. Acompañe con la cebolla y el cilantro picados y la salsa de chile de árbol.

Tacos al pastor

1. Coloque la carne en un recipiente y añada el vinagre. Deje marinar durante 2 horas, escurra y reserve.
2. Licue los chiles con el jitomate, la cebolla, el ajo, el comino, los clavos, el jugo de piña y una pizca de sal. Cuele y reserve.
3. Caliente la mitad del aceite en un sartén y añada la salsa; fría por 5 minutos, rectifique de sal; retire del fuego y deje enfriar.
4. Marine la carne en la salsa durante 30 minutos. Posteriormente, caliente el resto del aceite en una cacerola y fría la carne marinada por 30 minutos o hasta que esté suave.

Presentación

1. Distribuya la carne en las tortillas para hacer los tacos. Acompañe con cebolla, cilantro, salsa de chile de árbol y piña.

Tacos de guisado de la mañana: moronga, salpicón, chorizo y papa

Ingredientes *para 6 porciones*

Moronga
- 5 cucharadas de aceite
- 100 g de cebolla picada
- 2 chiles cuaresmeños cortados en rajas
- 1 diente de ajo picado finamente
- 1 rama de epazote
- 400 g de moronga desmenuzada
- tortillas de maíz al gusto

- cebolla picada finamente, al gusto (opcional)
- cilantro picado finamente, al gusto (opcional)
- salsa verde, al gusto (ver pág. 32)
- sal al gusto

Salpicón
- 400 g de maciza de res cocida y molida

- 200 g de cebolla picada finamente
- ¼ de taza de cilantro picado finamente
- tortillas de maíz al gusto
- sal y pimienta al gusto

Chorizo y papa
- 200 g de chorizo desmenuzado
- 200 g de cebolla picada finamente

- 2 dientes de ajo picados finamente
- 2 chiles serranos sin venas ni semillas, picados finamente
- 2 papas medianas cocidas, peladas y cortadas en cubos
- 1 cucharada de cilantro picado (opcional)
- tortillas de maíz al gusto
- salsa de chile de árbol, al gusto (ver pág. 32)
- sal al gusto

Preparación

Moronga
1. Caliente el aceite en un sartén, añada la cebolla y acitrónela; agregue los chiles, el ajo y la rama de epazote.
2. Cocine por 5 minutos y agregue la moronga y sal; cocine por 10 minutos más, retire del fuego y deseche la rama de epazote.
3. Distribuya la moronga en las tortillas para formar los tacos. Acompañe con cebolla, cilantro y salsa verde.

Salpicón
1. Mezcle la carne con la cebolla, el cilantro y añada sal y pimienta al gusto.
2. Distribuya el salpicón en las tortillas para formar los tacos.

Chorizo y papa
1. Caliente un sartén y fría el chorizo en su propia grasa. Retire del sartén y reserve. En el mismo sartén, sofría la cebolla y el ajo hasta que estén suaves; añada los chiles y cueza por 2 minutos.
2. Agregue las papas y fríalas hasta que estén ligeramente doradas, integre el chorizo y retire del fuego.
3. Distribuya la preparación en las tortillas para formar los tacos. Acompañe con cilantro y salsa roja.

Tamales de pejelagarto y tamales de rajas con queso

Ingredientes
para 24 tamales

Tamales de pejelagarto

- 2 cucharadas de aceite
- 100 g de cebolla picada finamente
- 1 chile de agua picado finamente
- 2 dientes de ajo picados finamente
- 200 g de jitomate picado finamente
- 50 g de cebollín picado finamente
- 1 pejelagarto chico, cocido y desmenuzado
- 100 g de manteca de cerdo
- 500 g de masa de maíz nixtamalizado
- 200 ml de caldo de pollo
- 8 cuadros de hojas de plátano asadas de 30 cm de lado
- sal al gusto

Tamales de rajas y queso

- 1 cucharada de mantequilla
- 100 g de cebolla picada finamente
- 2 chiles poblanos asados, pelados, sin venas ni semillas y cortados en rajas
- 1 papa cocida, picada en cubos chicos
- 5 cucharadas de crema
- 100 g de queso Oaxaca deshebrado
- 5 cucharadas de manteca de cerdo
- 500 g de masa de maíz nixtamalizado
- 200 ml de caldo de pollo
- 1 cucharada de polvo para hornear
- 12 hojas de maíz para tamal hidratadas
- sal al gusto

Preparación

Tamales de pejelagarto

1. Caliente en un sartén el aceite, añada la cebolla y el chile y cueza por 2 minutos; agregue el ajo, el jitomate y el cebollín; cueza por 5 minutos más.
2. Incorpore el pejelagarto y añada sal; cueza por 5 minutos más. Retire del fuego y reserve.
3. Bata la manteca hasta que esté ligeramente cremosa y su color cambie a blanco opaco. Incorpore la masa, la sal y caldo de pollo suficiente evitando que la masa quede con una consistencia aguada.
4. Coloque 3 cucharadas de masa y 1 cucharada de pejelagarto sobre 1 hoja de plátano y envuelva.
5. Cueza los tamales en una vaporera por 45 minutos o hasta que estén cocidos.

Tamales de rajas y queso

1. Caliente la mantequilla en un sartén y fría la cebolla por 2 minutos; agregue los chiles y los cubos de papa; cueza durante 5 minutos más.
2. Añada la crema y el queso Oaxaca e integre bien; agregue sal, retire del fuego y reserve.
3. Bata la manteca hasta que esté ligeramente cremosa y su color cambie a blanco opaco. Incorpore la masa y caldo de pollo suficiente de evitando que la masa quede con una consistencia aguada; incorpore el polvo para hornear, la sal y mezcle bien.
4. Coloque 2 cucharadas de masa sobre 1 hoja de maíz, 1 cucharada del relleno de chiles y papas y envuelva. Repita este paso hasta terminar con toda la masa.
5. Cueza los tamales en una vaporera por 45 minutos o hasta que estén cocidos.

Tortas: pierna y milanesa con queso

Ingredientes para 8 porciones

- 8 teleras
- 8 cucharadas de frijoles negros refritos
- 350 g de pierna de cerdo horneada
- 350 g de milanesa de res frita
- 300 g de queso Oaxaca
- 2 jitomates cortados en rebanadas
- 2 aguacates cortados en rebanadas
- cebolla rebanada, al gusto
- 8 hojas de lechuga
- chiles en vinagre, al gusto

Preparación

1. Corte las teleras por la mitad a lo largo y unte 1 cucharada de frijoles a cada base de pan.

2. Añada en la mitad de las bases la milanesa y en la otra mitad la pierna.

3. Distribuya el queso, el jitomate, el aguacate y la cebolla sobre las carnes; coloque 1 hoja de lechuga a cada torta y ciérrelas.

4. Acompañe con chiles en vinagre.

Seguir la vocación

Yo tenía muy claro que quería ser cocinero desde los dieciséis años. Pero también a esa edad uno quiere ser estrella de rock, cantante. Entonces decidí que iba a comprarme una guitarra y, como necesitaba dinero, entré a trabajar en un restaurante *Vips* de Villahermosa.

Como desde chico siempre ayudadaba a mi mamá en la cocina, al ver que solicitaban un mozo de cocina en el *Vips* pensé que no sería muy complicado el trabajo. Pero cuál sería mi sorpresa al entrar y saber que el mozo tenía que lavar la cocina, todo el cochambre, los baños del personal… Un ambiente muy rudo, pero por primera vez me sentí completamente a gusto, hacía lo que quería, comía lo que quería y además me pagaban. Fue mi primer contacto con la cocina de un restaurante.

Recuerdo que el chef del *Vips* me dijo que ser cocinero era como ser policía... no hay que estudiar y se gana bien. Y yo pensé: "Maravilloso, ¡no hay que estudiar!" Luego me platicó que había ido a Japón a concursar con una receta de un pollo a la naranja y me dije: "¡Esto es lo que yo quiero hacer de mi vida!" Le platiqué a mi papá que yo quería ser cocinero y él me dijo que acabara la prepa y que luego estudiara turismo y un diplomado en cocina. Y yo le decía que no, que cuando mucho acabaría la prepa y que me pondría a trabajar al día siguiente.

yo

Mi papá habló con mi primo Toño, que vivía en el Distrito Federal, y él le dijo que había escuelas que ofrecían la carrera de Gastronomía. Entonces fui a conocer el Claustro de Sor Juana, la Ibero, Ambrosía… Decidí que definitivamente sí quería estudiar gastronomía.

Regresé a Villahermosa con la información de las escuelas y los planes de estudio, cotizaciones y demás, y fui con el chef del Vips para que me orientara. Vio los logos de las escuelas y los planes de estudio y me dijo: "¡Éste!, el Colegio Superior de Gastronomía." Yo creo que fue el único nombre que le sonaba a escuela de cocina. Así que estudié cuatro años en el Colegio Superior de Gastronomía.

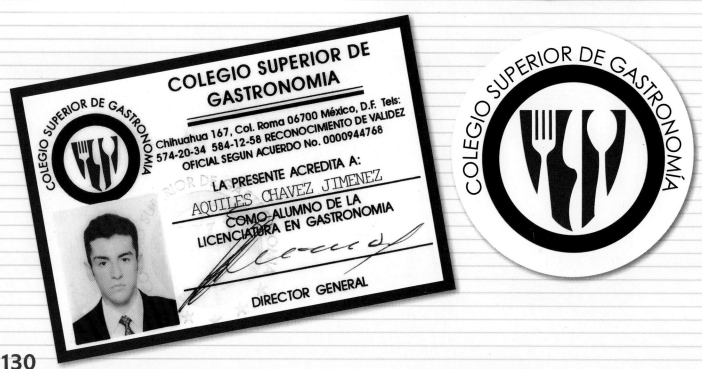

El último semestre fui becado y me gradué como el alumno más destacado de la novena generación. Pero la distinción no me la dieron por ser el más aplicado, sino por lo dedicado a la cocina.

Zeferino Rueda

Años antes, al empezar la carrera, iba caminado y de repente tuve una visión: entendí que lo que hiciera en la universidad marcaría mi futuro, y si de verdad quería ser un cocinero de primera tendría que empezar a darle duro. Al día siguiente hablé con el chef de la carrera, un suizo de nombre Daniel Joho Fisher, y le pedí que me mandara a trabajar con alguien que conociera.

Quería trabajar, aunque no me pagaran. Habló con los del restaurante de la escuela, que se llama *Monte Cervino*, y les dijo que había un loco que quería lavar ollas… Me aceptaron inmediatamente y me apodaron "el Loco". Luego pasé a ser el "cacerolier" y estuve un año lavando ollas, hasta que por fin me envió como aprendiz de chef al restaurante *Grotto Ticino*, con Peter Haefeli Felber. Tuve una educación clásica, con maestros suizos.

Peter Haefeli Felber

Al terminar la carrera tenía dos chances para trabajar en el extranjero, que era mi sueño: Holanda o Singapur. Decidí irme a Holanda porque me pusieron los boletos de avión en la mesa antes que nadie. Pero no fue una buena experiencia: iba con visa de turista, entonces era casi ilegal: la hice de albañil, cuidé el perro de la mamá del dueño del restaurante… En fin. Abrimos un restaurante de comida rápida tex-mex que se llamaba *Taco Mundo*. Pero el proyecto no me gustó, no era lo que yo quería, así que después de nueve meses me regresé a México. Sí, está muy chido vivir en el primer mundo, pero hacer *crispy tacos* no era lo que yo quería.

En el restaurante del Hyatt

Cuando regresé a México fui al colegio a saludar al director de la carrera y me habló de una oportunidad de viajar a Florida, donde estuve casi un año en un *training*…

Al volver, entré al hotel Hyatt de Villahermosa, en el restaurante de especialidades *Bougainvillea*. Y estando allí me llegó la oportunidad de participar en el concurso del Joven Chef Mexicano, que me cambió la vida. Conocí a don Memo Ríos, de Ambrosía, quien de algún modo me cobija y me apadrina.

Concurso del Joven chef Mexicano

Fui entonces al Centro de Formación de Alain Ducasse en París, a un curso que se llamó *La Collection Raffinée* que consitía en trabajar con productos europeos carísimos: trufa negra, *foie gras*, langosta de Bretaña. Luego me mandaron del Hyatt a Nueva Delhi durante medio año…

Por mi formación y por estas experiencias, yo quería hacer cocina francesa y ser chef ejecutivo de un gran hotel con siete restaurantes. Pero finalmente se presentó la oportunidad de abrir un restaurante en Villahermosa, en sociedad con otras personas, y así nació **Ló**.

La banda de Ló.

Orlandito

"El Pollo"

"El Panna"

Zefe

Moi

Juanito

Yo

Yo había hecho mis pininos de cocina tabasqueña contemporánea en el hotel. En un principio la llamé choco-fusión, porque choco y choca son el gentilicio no oficial de los tabasqueños… entonces choco-fusión era algo así como jarochi-fusión, o chilango-fusión, porque en ese entonces estaba yo en la onda de la cocina fusión.

Luego empezaría la reflexión que hemos tenido los cocineros de mi generación, enriquecidos por la generación anterior, de que lo que debemos hacer es cocina mexicana. Cocina de producto, con bases. Conocer realmente la técnica de la cocina mexicana, que es de las más complejas del mundo.

Y bueno, a estas alturas, emprendo un nuevo proyecto, el restaurante *La Fisheria*, en Houston, Texas, especializado en cocina mexicana del mar.

Me duele, me pesa dejar mi país, pero afortunadamente estaré yendo y viniendo, adonde me lleve esta vocación que me ha dado todo.

La cocina de restaurante

Ahí nomás, tiradito de robalo enclamatado

Rendimiento: 4 porciones

Ingredientes

Enclamatado
- 200 ml de Clamato®
- 70 ml de cerveza oscura de barril
- 2 cucharadas de jugo de limón
- salsa inglesa al gusto
- salsa Tabasco® al gusto
- sal y pimienta recién molida, al gusto

Tiradito
- 300 g de filete de robalo fresco, sin piel

- 100 g de apio cortado en julianas
- 1 cucharadita de chiles amashito picados
- 1 zanahoria cortada en láminas delgadas
- 2 rábanos cortados en láminas delgadas
- 2 chiles dulces cortados en julianas

- 1 cucharada de hojas de cilantro
- 4 cucharaditas de aceite de oliva
- pimienta negra recién molida, al gusto
- chile seco en polvo, al gusto
- sal de Colima al gusto

Presentación
- galletas de soda, al gusto

Enclamatado

1. Mezcle todos los ingredientes y refrigere durante 1 hora como mínimo.

Tiradito

1. Corte el robalo en láminas muy delgadas y colóquelas "tiraditas" sobre un plato. Acomode encima las julianas de apio, los chiles amashito, la zanahoria, los rábanos, el chile dulce y las hojas de cilantro.

2. Aderece con el aceite de oliva, la pimienta molida, el chile seco en polvo y la sal de Colima.

Presentación

1. Sirva el tiradito acompañado de un caballito de enclamatado. Vierta éste sobre el tiradito frente al comensal, y acompáñelo con las galletas de soda.

Caldito cantiñero en su tinta con albóndigas de camarón y pulpo

Rendimiento: 4 porciones

Ingredientes

Albóndigas de camarón y pulpo
- 200 g de camarón fresco, limpio y molido
- 100 g de pulpo cocido picado finamente
- 2 claras de huevo
- 1 cucharada de epazote picado
- 50 ml de crema para batir
- 50 g de harina de trigo
- c/s de aceite para freír
- sal al gusto

Caldito cantiñero
- 3 cucharadas de aceite de oliva
- 50 g de cebolla picada finamente
- 1 chile guajillo sin venas ni semillas
- 1 cucharada de ajo picado finamente
- 1 ℓ de caldo de pescado
- 2 cucharadas de tinta de pulpo
- 100 g de camarones secos sin cabeza

Presentación
- arroz blanco cocido, al gusto
- chícharos frescos cocidos, al gusto
- zanahoria cocida y cortada en cubos pequeños, al gusto

Preparación

Albóndigas de camarón y pulpo

1. Incorpore el camarón, el pulpo, las claras de huevo, el epazote, la crema, la harina de trigo y la sal hasta obtener una mezcla homogénea. Forme esferas de aproximadamente 30 gramos.
2. Caliente aceite en un sartén y fría las albóndigas hasta que estén ligeramente doradas. Colóquelas sobre papel absorbente para retirar el exceso de grasa y resérvelas.

Caldito cantiñero

1. Caliente el aceite de oliva en un sartén y sofría la cebolla, el chile y el ajo por 3 minutos. Añada ⅓ del caldo de pescado, hierva por 5 minutos y licue.
2. Vierta el licuado en una cacerola con el caldo, la tinta y los camarones. Hierva durante 10 minutos y añada las albóndigas; cueza durante 5 minutos más y retire del fuego.

Presentación

1. Sirva el caldito con las albóndigas. Acompañe con arroz blanco, chícharos y cubos de zanahoria.

Caldo de empanadas de pejelagarto

Ingredientes

Relleno
- 1 pejelagarto grande
- 400 g de sal
- 2 cucharadas de aceite de oliva
- 2 cucharadas de cebolla picada
- 1 cucharada de ajo picado
- 3 cucharadas de epazote picado
- sal y pimienta al gusto

Empanadas de pejelagarto
- 1 kg de masa de maíz nixtamalizado
- c/s de aceite para freír

Caldo de pescado
- 2 cucharadas de ajo
- 100 g de cebolla
- 100 g de pimiento morrón verde
- 250 g de tortilla de maíz seca
- 3 chiles guajillos
- 4 ℓ de caldo de robalo
- 1 cucharada de epazote
- sal y pimienta al gusto

Presentación
- chile amashito tamulado, al gusto
- rebanadas de plátano fritas, al gusto
- hojas de epazote fritas, al gusto

Preparación

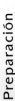

Relleno
1. Precaliente el horno a 180 °C.
2. Coloque el pejelagarto sobre una charola para hornear, cúbralo con la sal y hornéelo durante 45 minutos. Posteriormente, retírelo del horno, déjelo enfriar, retírele la costra de sal y desmenuce la carne. Resérvela.
3. Caliente el aceite de oliva en un sartén y saltee la cebolla con el ajo. Agregue la carne de pejelagarto desmenuzada, el epazote, sal y pimienta. Cueza por 1 minuto, retire del fuego y reserve.

Empanadas de pejelagarto
1. Forme 12 discos con la masa de maíz con ayuda de una máquina tortilladora; coloque sobre cada uno un poco del relleno, doble por la mitad y presione las orillas para cerrar. Reserve un poco del relleno para la presentación.

2. Fría las empanadas en aceite caliente hasta que se doren; sáquelas del aceite y colóquelas sobre papel absorbente para retirar el exceso de grasa. Resérvelas.

Caldo de pescado
1. Ase el ajo, la cebolla, el pimiento, la tortilla de maíz y los chiles guajillo. Licue con el caldo de robalo y el epazote, cuele y hierva a fuego bajo hasta que esté cocido. Salpimiente y reserve caliente.

Presentación
1. Coloque en cada plato tres empanaditas sobre un poco del relleno que reservó. Vierta el caldo de pescado y acompañe con chile amashito tamulado, rebanadas de plátano fritas y hojas de epazote fritas.

Caldo Valentina

Ingredientes

- 1 ℓ de caldo de robalo
- 200 g de jitomate
- 2 chiles anchos sin venas ni semillas, rehidratados en agua caliente
- 3 cucharadas de aceite de oliva
- ¼ de cebolla picada finamente
- 3 dientes de ajo picados finamente
- 3 cucharadas de xoconostle picado finamente
- 1 cucharada de jengibre pelado, picado finamente
- 4 camarones grandes con cabeza

- 100 g de pulpo cortado en trozos medianos
- 100 g de aros de calamar
- 200 g de cangrejo
- 4 mejillones
- 200 ml de vino blanco
- 30 g de chile güero sin venas ni semillas, picado finamente
- 30 g de chile dulce sin venas ni semillas, picado finamente
- ½ kg de cubos pequeños de papa cocidos

- 3 cucharadas de cilantro picado
- 3 cucharadas de epazote picado

Presentación

- 4 láminas largas y delgadas de zanahoria, fritas
- 4 láminas largas y delgadas de calabacita, deshidratadas
- limones partidos por la mitad, al gusto
- totopos al gusto (opcional)
- salsa Tabasco® al gusto (opcional)

Preparación

1. Licue el caldo de robalo con el jitomate y los chiles anchos. Cuele y reserve.
2. Caliente el aceite de oliva en una cacerola y acitrone la cebolla y el ajo; añada el xoconostle y el jengibre y sofría por 2 minutos más.
3. Incorpore los mariscos y saltéelos durante 5 minutos.
4. Añada el resto de los ingredientes, excepto las hierbas, y deje sobre fuego medio por 20 minutos. Agregue el cilantro y el epazote 2 minutos antes de finalizar la cocción y retire del fuego.

Presentación

1. Sirva en platos hondos, decore con las láminas de zanahoria y de calabacita deshidratadas, acompañe con las mitades de limón, totopos y salsa Tabasco®.

Capuchino de frijol y espuma de queso panela

Rendimiento: 4 porciones

Ingredientes

Capuchino de frijol

- ½ kg de frijol negro cocido
- 50 ml de crema para batir
- 30 g de queso de hoja o queso crema tropical
- sal al gusto

Espuma de queso panela

- 200 ml de crema para batir
- 100 g de queso panela

Presentación

- chile seco en polvo, al gusto
- pan tostado, al gusto

Preparación

Capuchino de frijol

1. Licue el frijol con la crema, el queso y sal. Reserve.

Espuma de queso panela

1. Bata la crema con el queso hasta que la mezcla adquiera una consistencia aireada y homogénea. Reserve en refrigeración.

Presentación

1. Caliente el capuchino de frijol y sírvalo en vasos llenándolos hasta ¾ de su capacidad, coloque encima la espuma de queso panela, espolvoree con chile seco en polvo y acompañe con una rebanada de pan tostado.

Carpaccio de avestruz y aderezo ligerito de aceitunas

Ingredientes

Carpaccio

- 400 g de carne de avestruz
- pimienta rosa recién molida, al gusto

Aderezo ligerito de aceitunas

- 200 g de mayonesa
- 50 ml de agua
- 50 g de aceitunas verdes sin semilla, picadas finamente
- 50 g de aceitunas Kalamata sin semilla, picadas finamente
- 1 cucharadita de salsa Tabasco®
- 4 cuchardas de perejil picado
- sal al gusto

Presentación

- 4 aceitunas verdes sin semilla, cortadas en rodajas
- 4 aceitunas Kalamata sin semilla, cortadas en rodajas
- 1 cucharada de piñones blancos tostados
- queso parmesano rallado, al gusto
- queso ahumado de Tenosique rallado, al gusto
- perejil picado, al gusto
- flor de sal al gusto
- pan Melba tostado, al gusto

Preparación

Carpaccio

1. Cubra completamente la carne de avestruz con pimienta rosa y envuélvala con plástico autoadherible formando un cilindro. Congele durante toda la noche.
2. Saque la carne del congelador y, con un cuchillo muy afilado o una rebanadora, córtela en rebanadas muy delgadas. Retire el plástico que cubre la carne conforme la vaya cortando. Reserve en refrigeración.

Aderezo ligerito de aceitunas

1. Diluya la mayonesa con agua, agregue las aceitunas, la salsa Tabasco®, el perejil picado y la sal. Licue o procese y reserve.

Presentación

1. Disponga en platos las rebanadas del carpaccio, acomode sobre éstas las aceitunas, los piñones tostados, los quesos, el perejil y sal. Coloque el aderezo ligerito de aceitunas a un lado y acompañe con el pan Melba tostado.

Cazuela taquera, botanera, salsera

Rendimiento: 4 porciones

Ingredientes

Salsa verde

- 100 g de chiles habaneros
- ¼ de cebolla
- 1 diente de ajo
- 1 rama de cilantro
- sal al gusto

Molleja y tripa

- 500 g de molleja de res
- 500 g de tripas de res
- c/s de aceite
- 1 cebolla picada en cuadros grandes
- sal al gusto

Presentación

- tortillas calientes, al gusto
- cilantro y cebolla picados, al gusto

Preparación

Salsa verde

1. Cueza en una olla con agua hirviendo los chiles, la cebolla y el ajo por 10 minutos. Cuele y licue con el cilantro. Añada sal y reserve.

Molleja y tripa

1. Coloque en una olla con agua hirviendo y sal la molleja de res. Cueza durante 20 minutos, cuele y reserve. Repita la misma operación con las tripas.
2. Corte la molleja y las tripas en trozos medianos.
3. Caliente el aceite en una cazuela y saltee la cebolla por 3 minutos. Añada la molleja y las tripas y fría hasta que se doren. Agregue sal y retire del fuego.

Presentación

1. Sirva la molleja y las tripas en una cazuela. Acompañe con la salsa verde, tortillas calientes y cilantro y cebolla picados.

Chamorro confitado en manteca con cacao y col agria con plátano frito

Rendimiento: 4 porciones

Ingredientes

Chamorro confitado
- 2 chamorros de cerdo
- 1 kg de manteca de cerdo
- ½ taza de cacao en polvo
- sal al gusto

Col agria
- 300 g de col cortada en juliana
- 60 g de mantequilla
- 60 g de cebolla fileteada
- 1 pera descorazonada, cortada en cubos
- 70 ml de vino tinto
- 70 ml de vinagre de vino tinto
- 50 ml de extracto de jamaica

Demiglace de mostaza
- 50 g de demiglace en polvo
- ½ ℓ de agua
- 2 cucharadas de mostaza tipo americano

Plátanos fritos
- 2 plátanos machos maduros
- c/s de aceite para freír
- hojas de cilantro al gusto

Preparación

Chamorro confitado
1. Precaliente el horno a 160 °C.
2. Ponga los chamorros en un refractario y añádales sal.
3. Mezcle la manteca con el cacao y viértala sobre los chamorros.
4. Hornéelos por 1 hora 45 minutos; posteriormente, retírelos del horno, desmenuce la carne y deseche los huesos. Reserve.

Col agria
1. Blanquee la col en agua hirviendo durante 2 minutos.
2. Derrita la mantequilla en una cacerola e incorpore la col blanqueada, la cebolla y las rebanadas de pera; saltee durante 6 minutos.
3. Vierta el vino tinto, el vinagre y el extracto de jamaica, mezcle y baje el fuego a medio; deje que se reduzca todo el líquido, moviendo continuamente para evitar que la preparación se pegue en el fondo de la cacerola. Reserve.

Demiglace de mostaza
1. Disuelva la demiglace en polvo en el agua e incorpore la mostaza. Reserve.

Plátanos fritos
1. Pele y corte los plátanos en rodajas gruesas.
2. Caliente el aceite en un sartén y fría las rodajas de plátano, retírelas del aceite y colóquelas sobre papel absorbente para eliminar el exceso de grasa. Resérvelas.

Presentación
1. Coloque en un plato un poco de col agria y sobre ésta una porción de chamorro. Acompañe con la demiglace de mostaza y 1 rodaja de plátano frita, y decore con las hojas de cilantro.

Chayote cheese cake con espuma congelada de ron con pasas

Rendimiento: 10 porciones

Ingredientes

Costra de galleta

- 250 g de galletas de soda
- 50 g de azúcar
- 60 g de mantequilla derretida
- esencia de vainilla al gusto

Chayote cheese cake

- 3 kg de chayotes con espinas
- 1 raja de canela
- esencia de vainilla al gusto
- 700 g de queso crema

- 7 huevos
- 400 g de azúcar
- 100 g de fécula de maíz
- 200 ml de crema para batir
- 100 g de pasas
- 100 g de nueces picadas

Espuma congelada de ron con pasas

- 2 cucharadas de mantequilla
- 100 g de pasas picadas

- 100 g de ciruelas pasas sin semilla, picadas
- 100 g de pasas sultanas picadas
- 200 ml de ron blanco
- 500 ml de crema para batir
- 200 g de azúcar glass

Presentación

- salsa de caramelo al gusto
- almendras ralladas, al gusto
- pasas al gusto

Preparación

Costra de galleta

1. Muela las galletas de soda y mézclelas con el azúcar, la mantequilla y la esencia de vainilla.

2. Engrase un aro grande y póngalo sobre una charola cubierta con papel siliconado. Coloque la mezcla de galletas dentro y, con la ayuda de una cuchara, aplane la superficie para alisarla. Reserve.

Chayote cheese cake

1. Precaliente el horno a 150 °C.

2. Cueza los chayotes en suficiente agua con la canela y la esencia de vainilla. Cuando estén cocidos, pártalos por la mitad, retíreles la semilla, extraiga la pulpa, muélala y resérvela.

3. Ponga dentro del tazón de la batidora el queso crema, los huevos, el azúcar y la fécula de maíz; bata hasta incorporar todo. Incorpore la pulpa cocida de los chayotes.

4. Bata la crema por separado hasta que se formen estrías en la superficie e incorpórela de forma envolvente a la mezcla de chayotes junto con las pasas y las nueces.

5. Vierta la preparación dentro del aro, encima de la costra de galleta, y hornee durante 25 minutos. Suba la temperatura a 180 °C y hornee por 15 minutos más. Deje enfriar antes de desmoldar y reserve.

Espuma congelada de ron con pasas

1. Caliente la mantequilla en un sartén y saltee los frutos secos.

2. Flamee con el ron, deje sobre el fuego por unos minutos para que se hidraten los frutos, retire del fuego y deje enfriar.

3. Bata la crema hasta que se formen estrías en la superficie e incorpore poco a poco, y sin dejar de batir, el azúcar glass; agregue de forma envolvente los frutos secos con el ron. Rectifique la cantidad de azúcar y congele durante una noche.

Presentación

1. Caliente una rebanada del chayote cheese cake en el horno por 2 minutos y sírvala en un plato sobre un poco de salsa de caramelo. Coloque encima una quenefa de espuma congelada de ron con pasas y decore con almendras ralladas y pasas.

Chile relleno sin relleno

Ingredientes

Pesto de pistaches
- 50 g de cilantro
- 50 g de queso parmesano
- 1 diente de ajo
- 50 g de pistaches pelados
- 200 ml de aceite de oliva
- sal y pimienta al gusto

Chile sin relleno
- ½ taza de aceite de oliva
- 2 dientes de ajo picados finamente
- 4 chiles poblanos, asados, pelados, sin venas ni semillas, abiertos por la mitad a lo largo

- 100 g de champiñones rebanados
- 2 jitomates bola cortados en rebanadas de 1 cm
- 200 g de queso feta cortado en 4 rebanadas
- sal y pimienta al gusto

Presentación
- 4 rebanadas de jitomate deshidratado
- cacao tostado y molido, al gusto
- flor de sal al gusto

Preparación

Pesto de pistaches

1. Coloque en la licuadora el cilantro, el queso parmesano, el ajo, los pistaches, sal y pimienta y licue añadiendo el aceite de oliva en forma de hilo; debe obtener una textura homogénea. Reserve.

Chile sin relleno

1. Mezcle en un recipiente el aceite de oliva, el ajo, sal y pimienta; sumerja los chiles, los champiñones y las rebanadas de jitomate, y deje marinar durante 15 minutos.
2. Caliente una parrilla y ase los chiles, los champiñones y el jitomate. Retire del fuego y reserve.
3. Ase ligeramente las rebanadas de queso feta y reserve.

Presentación

1. Coloque en un plato una rebanada de queso feta y sobre ésta 2 rebanadas de jitomate, 1 chile poblano, 1 cucharada de hongos y 1 rebanada de jitomate deshidratado. Haga lo mismo con las porciones restantes, espolvoree flor de sal y acompañe con el pesto de pistaches y cacao tostado.

Karla

Cuando transfirieron a mi papá del trabajo a Villahermosa, en agosto de 1993, toda la familia nos fuimos a vivir allí, y en septiembre conocí a Karla.

Mis papás compraron una casa en un fraccionamiento nuevo y resulta que la familia de Karla también se iba a mudar al mismo lugar.

Coincidimos en la fiesta de inauguración del fraccionamiento. Nosotros teníamos una perra weimaraner que se llamaba Afrodita. Recuerdo que llegaba la vecina —que luego iba a ser mi suegra— a ver cómo estaba quedando su casa, y nos hablaba de sus dos niñas. Y nos decía que sus hijas le tenían miedo a los perros, y yo pensaba: "¡Qué flojera con las vecinitas!" Pero resulta que las vecinitas eran Karla, de diecisiete años, y su hermana Mariana, de catorce.

Entonces, llegó el día de la fiesta y cuando la vi pensé: "¡Ufff!, Es la niña más guapa del planeta." Me fui a sentar enfrente de ella y no la perdía de vista. No dejé de verla en toda la tarde y me dije: "Yo de aquí soy…"

Y su abuela, la abuela Carmita —que por cierto es una gran cocinera— se dio cuenta y le dijo: "¡Ay, mijita!, el vecinito no te quita la mirada de encima, ¿eh?"

Haciendo planes...

La primera vez que vi a Aquiles él estaba jugando futbol en la calle y todavía no se había bañado para salir a la comida. Era muy delgado. Tenía un tenis negro y uno gris; vestía una playera negra pero la tenía puesta al revés, con la etiqueta al frente. Lo primero que pensé fue: ¡Ay, pobre! No se fijó que se puso la camisa al revés. Pero me daba pena decírselo. Además llevaba un short caído que le quedaba grandísimo y todo el bóxer se le veía... Yo no podía creer tanta facha.

Me lo presentaron y la verdad es que no me gustó. Hasta que en la fiesta mi abuela me hizo la observación de que él no me quitaba la mirada de encima.

Yo estudié toda mi vida en una escuela de monjas. Siempre fui de reglas claras, de lineamientos. Y mi mamá fue una mujer que toda la vida nos tuvo con un yugo muy fuerte, casi como a los caballos: si te querías desbocar, mi mamá te jalaba. Entonces, lo que me atrajo de Aquiles fue que él fuera tan diferente a todo lo que yo había visto.

Karla Bocanegra, esposa de Aquiles

161

Karla es mi balance, y yo necesito ese balance. Sin Karla no tendría nada. Yo soy el más botarata, derrochador y desordenado; en cambio ella es súper ordenada, jamás gasta por gastar. Somos tan distintos, que luego a veces le entran sus crisis nerviosas conmigo… Porque no tenemos nada en común. Pero yo creo que está chido que no tengamos nada en común, si no, sería aburrido.

162

Consummatum est... uro

Si yo no me hubiera casado a los veintitrés años, recién salido de la universidad, no hubiera hecho nada de la vida, y no tendría nada, porque casarme me obligó a trabajar y a aguantar muchas cosas y privarme de otras. Creo que gran parte del éxito de mi carrera es Karlita, como le decimos todos.

mis suegros y yo

Karla y yo empezamos en 1994, y fuimos novios por siete años, durante la preparatoria y la universidad. Le pedí que se casara conmigo en mi fiesta de graduación, en julio de 2000, y nos casamos en agosto porque yo me iba a Holanda en septiembre de ese año.

La mamá de Karla no estaba muy de acuerdo en que fuéramos novios, mucho menos en que me casara con su "prenda amada", porque toda la vida me vio medio atarantado y medio raro. Pero una vez casados, ella siempre me apoyó y actualmente me quiere mucho y se siente muy orgullosa de mí.

El día de mi graduación, mi papá le agradeció a Karla que yo acabara la carrera, porque siempre pensó que yo no iba a hacer nada de mi vida, le preocupaba mucho. "Tú llegaste justo a tiempo a la vida de Aquiles", le dijo.

Karla es todo

Es mi balance y mi freno. Mi amigo Julio Ortega siempre dice: "El lado serio de Aquiles... es Karla."

Me fui a Holanda y las cosas no resultaron como yo esperaba, así que regresé a Villahermosa, pero no teníamos absolutamente nada.

Vivíamos con mis papás y cuando entré a trabajar a Hyatt nos fuimos a un departamento de una tía política. Era un departamento viejo que no habitaba nadie, tenía goteras por todos lados, no tenía ni ventiladores y no teníamos dinero para comprarlos… En 2002 yo era cocinero en el restaurante *Bougainvillea* del Hyatt de Villahermosa. Entraba a las nueve de la mañana y salía a las doce de la noche o una de la madrugada. Trabajé como caballo y todo eso fue lo que me permitió hacer una carrera. Pero pude hacerlo porque realmente

vivíamos de lo que Karla ganaba trabajando y con el apoyo de mi suegra, pero no con mi sueldo, porque yo ganaba tres pesos. Sin el apoyo de Karla no habría podido hacer eso.

Después me invitaron al concurso de Joven Chef Mexicano, y por fin empezó a cambiar todo…

Chocolatazo
FE-DE-LÓ-PEZ

Ingredientes

Chocolatazo

- 100 g de chocolate de mesa
- 100 g de chocolate oscuro
- 50 g de mantequilla
- 200 g de huevos
- 200 g de azúcar
- 100 g de harina cernida
- 1 pizca de canela en polvo
- 1 pizca de pimienta molida
- 1 pizca de clavo molido
- 1 pizca de cardamomo molido

Presentación

- coulis de mango al gusto
- 4 cuadros de alegría de 3 cm por lado
- 4 quenefas de helado de vainilla
- 4 tejas de queso ahumado de Tenosique
- 4 flores de Jamaica deshidratadas
- cacao tostado y troceado, al gusto

Preparación

Chocolatazo

1. Precaliente el horno a 180 °C.
2. Engrase cuatro aros de 7 centímetros de diámetro.
3. Derrita a baño María los chocolates y la mantequilla; mezcle hasta incorporar los ingredientes, retire del fuego y deje enfriar.
4. Bata los huevos con el azúcar hasta que la mezcla esponje. Incorpore de manera envolvente los chocolates con la mantequilla.
5. Mezcle la harina con la canela, la pimienta, el clavo y el cardamomo.
6. Añada la harina poco a poco, y en forma de lluvia, a los huevos batidos e intégrela con movimientos envolventes. Vacíe esta mezcla dentro de los aros y hornee por 5 minutos.
7. Saque los aros del horno y reserve.

Presentación

1. Coloque en un plato un poco de coulis de mango y sobre éste ponga el chocolatazo. Acomode a un lado el cuadro de alegría con una quenefa de helado de vainilla. Haga lo mismo con las porciones restantes y decore con las tejas de queso ahumado de Tenosique, las flores de Jamaica y el cacao tostado.

Crujiente de pejelagarto y aceite de chile amashito

Ingredientes

Aceite de chile amashito
- 5 cucharadas de chiles amashito frescos
- 100 g de cebolla morada picada finamente
- 180 ml de aceite de oliva
- 2 cucharadas de jugo de naranja agria
- sal al gusto

Relleno de pejelagarto
- 300 g de carne desmenuzada de pejelagarto horneado (ver pág. 142)

- 3 cucharadas de cebolla morada fileteada
- 1 cucharada de cilantro picado
- 50 ml de aceite de oliva
- 2 cucharadas de jugo de limón
- 1 cucharadita de jugo sazonador
- 1 cucharadita de salsa inglesa
- 1 cucharadita de salsa Tabasco®
- sal y pimienta al gusto

Tostones
- 1 plátano macho verde
- c/s de aceite para freír

Presentación
- hojas de chaya fritas, al gusto

Preparación

Aceite de chile amashito
1. Ase en un sartén los chiles amashito hasta que empiecen a reventarse.
2. Colóquelos en un recipiente con los ingredientes restantes y aplástelos con una cuchara. Deje macerar por 1 hora.

Relleno de pejelagarto
1. Mezcle la carne de pejelagarto con la cebolla, el cilantro, el aceite de oliva y el jugo de limón.
2. Añada el jugo sazonador, la salsa inglesa, la salsa Tabasco®, sal y pimienta. Reserve en refrigeración en un recipiente con tapa.

Tostones
1. Pele el plátano y córtelo en rodajas. Fríalas en el aceite caliente hasta que se doren ligeramente. Retírelas del aceite y póngalas a escurrir en papel absorbente.
2. Coloque una rodaja en una máquina tortilladora, aplánela, vuélvala a freír hasta que se dore y póngala a escurrir en papel absorbente. Repita esta operación con el resto de las rodajas.

Presentación

1. Coloque un tostón en un plato, ponga encima una cucharada del relleno de pejelagarto, cubra con otro tostón, ponga más relleno, otro tostón y finalice con relleno. Haga lo mismo con las porciones restantes, decórelas con 1 hoja de chaya frita y acompáñelas con el aceite de chile amashito.

Filete de res con la salsa de doña Eulogia

Rendimiento: 2 porciones

Ingredientes

Salsa de doña Eulogia
- 1 chile guajillo, sin venas ni semillas y rehidratado en agua caliente
- 1 chile cascabel, sin venas ni semillas y rehidratado en agua caliente
- 1 chile pasilla, sin venas ni semillas y rehidratado en agua caliente
- 1 chile ancho, sin venas ni semillas y rehidratado en agua caliente
- 2 jitomates
- 50 g de cebolla
- 1 diente de ajo
- 3 cucharadas de aceite
- sal y pimienta al gusto

Filete
- 2 filetes de res de 180 g c/u
- sal y pimienta al gusto

Presentación
- 2 rebanadas de queso panela, asadas
- 4 tiras de nopal asadas
- 2 cucharadas de cebolla morada fileteada, asada
- 2 cucharadas de granos de elote cocidos
- 2 cucharadas de frijoles carita cocidos
- 2 tostadas de maíz

Preparación

Salsa de doña Eulogia
1. Licue los chiles con los jitomates, la cebolla y el ajo.
2. Caliente el aceite en una cacerola y fría la salsa; hierva por 8 minutos y salpimiente. Retire del fuego y reserve.

Filete
1. Salpimiente los medallones y áselos en la parrilla al término deseado. Reserve.

Presentación
1. Coloque en un plato 1 rebanada de queso panela asada y encima de ésta 2 tiras de nopal asadas y enrolladas. Acomode un medallón de filete sobre los nopales y bañe con un poco de salsa de doña Eulogia. Haga lo mismo con la porción restante y decore con 1 cucharada de cebolla asada, 1 cucharada de granos de elote, 1 cucharada de frijoles carita y las tostadas.

Horchata trifásica

Ingredientes

Chicharrón de cacao
- 100 g de semillas de cacao tostadas y molidas
- 2 ℓ de agua
- 100 g de tapioca
- c/s de aceite para freír

Agua de horchata
- 300 ml de concentrado de horchata

- 400 ml de agua
- 100 g de azúcar

Arroz con leche y horchata
- 150 g de arroz
- 200 ml de leche
- 200 ml de agua de horchata
- 1 cucharadita de esencia de vainilla
- 100 g de azúcar
- 1 raja de canela

- 1 cucharada de pasitas

Espuma de horchata
- 200 ml de crema para batir
- 200 ml de concentrado de horchata
- 5 ml de esencia de vainilla

Presentación
- canela en polvo al gusto

Preparación

Chicharrón de cacao

1. Licue las semillas de cacao con el agua, coloque la mezcla en una olla sobre el fuego y deje que hierva. Retire del fuego y cuele; agregue la tapioca al agua con cacao y deje reposar durante 20 minutos.
2. Regrese al fuego y cueza la tapioca durante 20 minutos. Retire del fuego y licue hasta obtener un puré homogéneo.
3. Precaliente el horno a 60 °C.
4. Extienda la tapioca molida en una charola cubierta con un tapete de silicón o papel siliconado y hornee durante 12 horas o hasta que la preparación se deshidrate.
5. Caliente el aceite en un sartén, fría la tapioca deshidratada en trozos, retírelos del aceite y colóquelos sobre papel absorbente. Reserve.

Agua de horchata

1. Mezcle todos los ingredientes. Reserve 200 ml para el arroz con leche y horchata, y refrigere el resto.

Arroz con leche y horchata

1. Coloque en una olla el arroz, la leche, el agua de horchata, la esencia de vainilla, el azúcar y la canela.
2. Hierva y cueza a fuego bajo durante 20 minutos sin dejar de mover. Agregue las pasitas, retire la canela, deje enfriar y reserve en refrigeración.

Espuma de horchata

1. Bata la crema en una batidora hasta que se formen picos suaves en la superficie. Incorpore lentamente el concentrado de horchata y la esencia de vainilla hasta obtener una crema tersa y homogénea. Reserve.

Presentación

1. Coloque en un plato un trozo de chicharrón de cacao y sobre éste disponga una quenefa de espuma de horchata. Decore el plato con una línea de canela en polvo y acomode sobre ésta una quenefa de arroz con leche y horchata. Haga lo mismo con las porciones restantes y acompañe con una copa de agua de horchata.

La otra sopa de tortilla

Rendimiento: 4 porciones

Ingredientes

Sopa
- 100 g de mantequilla
- 6 cucharadas de cebolla picada
- 4 cucharadas de ajo picado
- 4 cucharadas de poro picado
- 4 cucharadas de chile dulce picado
- 6 cucharadas de jitomate picado
- 6 cucharadas de pimientos morrones rojos y verdes picados
- 450 g de retazo de pollo
- 1 ½ ℓ de agua
- ½ taza de totopos
- 1 cucharada de consomé de pollo en polvo
- sal y pimienta al gusto

Espuma de crema de leche
- 200 ml de crema de rancho
- 100 ml de leche
- sal y pimienta blanca al gusto

Presentación
- 4 cucharadas de guacamole
- 4 cucharadas de queso panela cortado en cubos chicos (opcional)
- 2 tazas de julianas de tortilla de maíz fritas

Preparación

Sopa
1. Caliente en una cacerola la mantequilla y acitrone la cebolla, el ajo y el poro. Agregue el resto de las verduras y cueza por 3 minutos.
2. Añada el retazo de pollo y el agua, y deje hervir por 20 minutos.
3. Agregue los totopos, el consomé de pollo en polvo, sal y pimienta y cueza por 20 minutos más.
4. Retire del fuego y deseche el retazo de pollo; pase el caldo por un colador fino y presione las verduras que queden dentro de éste hasta extraerles todo su jugo. Reserve.

Espuma de crema de leche
1. Refrigere un sifón durante media hora.
2. Mezcle todos los ingredientes y refrigérelos por media hora.
3. Vacíe la mezcla en el sifón, ciérrelo y colóquele una carga de CO_2. Reserve en refrigeración.

Presentación
1. Sirva la sopa caliente en platos soperos y acompáñelos con guacamole y queso panela. Decore con las julianas de tortilla frita y con la espuma de crema de leche.

Lasaña de carne salada y chipilín

Ingredientes

Relleno
- ◆ 400 g de carne salada
- ◆ ¼ de taza de aceite de oliva
- ◆ 100 g de cebolla picada finamente
- ◆ 2 dientes de ajo picados finamente
- ◆ 50 g de albahaca fresca picada finamente
- ◆ 2 hojas de laurel
- ◆ 100 g de chipilín picado finamente
- ◆ sal y pimienta al gusto

Salsa de jitomate
- ◆ 5 cucharadas de aceite de oliva
- ◆ ½ kg de jitomate maduro sin piel, picado finamente
- ◆ 2 dientes de ajo picados finamente
- ◆ 2 cucharadas de albahaca fresca picada finamente
- ◆ 1 cucharadita de azúcar
- ◆ sal y pimienta al gusto

Salsa bechamel
- ◆ 60 g de mantequilla
- ◆ 60 g de harina
- ◆ 500 ml de leche
- ◆ 1 pizca de nuez moscada en polvo
- ◆ sal y pimienta al gusto

Lasaña
- ◆ 200 g de pasta para lasaña, lista para usar
- ◆ 300 g de queso mozzarella rallado

Preparación

Relleno
1. Enjuague la carne salada, colóquela en una olla con suficiente agua y cuézala durante 40 minutos. Retírela del fuego, cuélela, deje que se enfríe y deshébrela.
2. Caliente el aceite de oliva en un sartén y acitrone la cebolla y el ajo.
3. Añada la carne deshebrada, la albahaca, el laurel, sal y pimienta y cueza por 10 minutos a fuego alto, moviendo constantemente.
4. Retire el laurel y deséchelo, incorpore el chipilín, rectifique la cantidad de sal y retire del fuego. Reserve.

Salsa de jitomate
1. Caliente el aceite de oliva en una cacerola y añada el jitomate, el ajo, la albahaca, el azúcar, sal y pimienta. Mezcle bien y cueza a fuego medio hasta que el líquido de los jitomates se haya evaporado. Retire del fuego y reserve.

Salsa bechamel
1. Derrita la mantequilla en un sartén a fuego bajo, agregue la harina y cueza por 2 minutos; mueva constantemente para evitar que la harina se queme.
2. Incorpore poco a poco la leche y cueza hasta que la salsa espese, moviendo constantemente; añada la nuez moscada, salpimiente y reserve.

Lasaña
1. Precaliente el horno a 180 °C.
2. Engrase con aceite de oliva un refractario y vierta un poco de salsa bechamel.
3. Acomode sobre la salsa bechamel 1 capa de pasta para lasaña, ⅓ de la salsa de jitomate y ⅓ del relleno.
4. Repita este proceso dos veces más, cubra con el queso mozzarella, coloque encima una capa más de pasta y cúbrala con la salsa bechamel restante.
5. Hornee por 30 minutos o hasta que la superficie esté dorada. Retire del horno, divida en porciones y sirva.

Lengua en estofado de jerez

Ingredientes

Lengua
- 4 ℓ de agua
- 1 kg de lengua de res
- 100 g de cebolla
- 2 dientes de ajo
- 3 pimientas de Tabasco
- 4 hojas de laurel
- 1 cucharada de sal

Puré de papa
- 3 papas alfa
- 80 g de mantequilla
- sal y pimienta al gusto

Estofado de jerez
- ¼ de taza de aceite de oliva
- 70 g de aceitunas verdes sin semillas, cortadas en rodajas
- 200 g de pimiento morrón verde cortado en cuadros pequeños
- 200 g de pimiento morrón rojo cortado en cuadros pequeños
- 80 g de cebolla blanca picada finamente
- 150 g de jitomate sin semillas, cortado en cubos pequeños
- 2 hojas de laurel
- pimienta de Tabasco molida, al gusto
- 100 ml de vino tinto
- 100 ml de jerez
- 1 raja de canela
- sal al gusto

Presentación
- aceite de trufas negras, al gusto
- brotes de cilantro al gusto
- trufas negras rebanadas, al gusto

Preparación

Lengua
1. Coloque todos los ingredientes en una olla y cueza a fuego medio durante 2 horas o hasta que la lengua esté cocida.
2. Retire del fuego, limpie la lengua y córtela en porciones. Reserve.

Puré de papa
1. Pele las papas, córtelas en mitades y cuézalas a partir de agua fría con sal.
2. Pase las papas aún calientes por un pasapuré, incorpore la mantequilla, sal y pimienta. Reserve.

Estofado de jerez
1. Caliente el aceite de oliva en una cacerola, incorpore las aceitunas, las verduras, el laurel y la pimienta de Tabasco; cueza a fuego bajo durante 15 minutos moviendo constantemente.
2. Desglase con el vino tinto y el jerez y añada la canela y la sal. Cueza por 6 minutos más, retire del fuego, deseche la canela y reserve.

Presentación
1. Coloque en platos porciones de puré de papa y encima la lengua, báñela con el esfofado de jerez y rocíe con aceite de trufas negras.
2. Decore con brotes de cilantro y rebanadas de trufas negras. Sirva de inmediato.

Lomito de robalo
con verduras

Ingredientes

Salsa de alcaparras
- 3 cucharadas de aceite de oliva
- 100 g de cebolla picada finamente
- 50 g de ajo picado finamente
- 100 g de alcaparras
- 3 hojas de laurel
- 100 ml de jugo de limón
- sal y pimienta al gusto

Lomito de robalo
- 4 trozos de lomo de robalo de 160 g c/u
- 1 cucharadita de chile en polvo
- 150 g de verduras mixtas (pimiento morrón rojo y verde, zanahoria, ejote, cebolla morada)
- c/s de aceite de oliva
- sal y pimienta al gusto

Presentación
- hojas de chaya fritas

Preparación

Salsa de alcaparras
1. Caliente el aceite y saltee la cebolla por 3 minutos; añada el ajo y cueza por 1 minuto más.
2. Incorpore las alcaparras, las hojas de laurel y el jugo de limón; cueza por 2 minutos más, agregue sal y pimienta, y reserve.

Lomito de robalo
1. Salpimiente los trozos de robalo, espolvoréelos con el chile en polvo y áselos en la parrilla. Retírelos del fuego y reserve.
2. Barnice las verduras mixtas con un poco de aceite de oliva y áselas en la parrilla con un poco de sal y reserve.

Presentación
1. Sirva en un plato una porción de robalo sobre una cama de verduras mixtas y decore con hojas de chaya fritas. Haga lo mismo con las porciones restantes y acompañe con la salsa de alcaparras.

Lomo de venado en chirmol y puré de camote

Rendimiento: 4 porciones

Puré de camote
• 300 g de camote pelado
• ½ vaina de vainilla
• 1 cucharada de mantequilla
• sal al gusto

Salsa de chirmol
• ½ kg de jitomate
• 100 g de cebolla

• 2 dientes de ajo
• 4 cucharadas de chile dulce
• 1 tortilla
• ½ taza de agua
• sal al gusto

Polvo de chile-cacao
• 3 chiles guajillo sin venas ni semillas
• 15 g de semillas de cacao

Lomo de venado
• 650 g de lomo de venado
• 6 cucharadas de aceite de oliva
• sal y pimienta al gusto

Presentación
• pepitas de calabaza tostadas y molidas, al gusto
• sal de San Felipe al gusto

Puré de camote

1. Precaliente el horno a 180 °C.
2. Abra la media vaina de vainilla, retírele las semillas con la punta de un cuchillo y resérvelas.
3. Corte el camote en trozos grandes y espolvoréele sal. Colóquelo sobre una charola metálica y hornee durante 35 minutos.
4. Pase el camote aún caliente por un pasapuré e incorpore las semillas de la vaina de vainilla y la mantequilla; rectifique la cantidad de sal y reserve.

Salsa de chirmol

1. Ase los jitomates, la cebolla, los dientes de ajo, el chile dulce y la tortilla hasta que casi estén quemados y licúelos con el agua.
2. Vierta la salsa en una cacerola, agregue sal y hierva hasta que espese. Retire del fuego y reserve.

Polvo de chile-cacao

1. Precaliente el horno a 150 °C.

2. Coloque el chile guajillo y el cacao en una charola metálica y hornee durante 10 minutos o hasta que ambos ingredientes estén tostados. Retírelos del horno, pulverícelos en un procesador de alimentos o en la licuadora y reserve.

Lomo de venado

1. Precaliente el horno a 180 °C.
2. Bañe el lomo con la mitad del aceite y cúbralo con el polvo de chile-cacao.
3. Caliente en un sartén el aceite restante y selle el lomo, posteriormente colóquelo en una charola metálica y hornéelo durante 45 minutos. Retírelo del horno y déjelo enfriar por 10 minutos antes de dividirlo en porciones.

Presentación

1. Sirva el lomo y acompañe con 1 quenefa de puré de camote y la salsa de chirmol. Decore con pepitas de calabaza y sal de San Felipe.

Merengón y salsa de vainilla de Papantla con mezcal

Ingredientes

Caramelo
- 400 g de azúcar

Merengón
- 8 claras
- 200 g de azúcar

Salsa de vainilla de Papantla con mezcal
- 500 ml de leche
- 5 yemas
- 100 g de azúcar
- 1 vaina de vainilla de Papantla cortada por la mitad a lo largo
- 3 cucharadas de mezcal

Preparación

Caramelo
1. Coloque el azúcar en un sartén a fuego medio y cuézala hasta obtener un caramelo de color dorado.
2. Vacíe el caramelo caliente en un molde cuadrado de silicón de 20 centímetros por lado y reserve.

Merengón
1. Precaliente el horno a 160 °C.
2. Bata las claras con el azúcar hasta obtener un merengue que forme picos firmes.
3. Vacíe el merengue en el molde con el caramelo y colóquelo en un molde más grande con agua, de forma que el agua llegue hasta la mitad del molde de silicón. Hornee durante 20 minutos.
4. Retire del horno; deje enfriar antes de desmoldar y divida en 9 cubos.

Salsa de vainilla de Papantla con mezcal
1. Mezcle la leche con las yemas y el azúcar.
2. Retire las semillas de la vaina de vainilla con la punta de un cuchillo y agréguelas a la leche.
3. Vierta la mezcla en una olla y caliente a fuego bajo, sin hervir, hasta que la salsa espese; mueva constantemente. Retire del fuego, deje enfriar, añada el mezcal y reserve en refrigeración.

Presentación
1. Sirva en platos la salsa de vainilla de Papantla con mezcal y coloque encima una porción de merengón.

Cuando trabajaba en el Hyatt de Villahermosa, en agosto de 2003, me invitaron al concurso Joven Chef Mexicano que organizó la CANIRAC en conjunto con Ambrosía y quedé en tercer lugar. Hice un plato que me encanta que se llama *Crujiente de pejelagarto*.

Debo explicar que el pejelagarto es un pez fósil del periodo Cretácico. Existe desde Costa Rica hasta los grandes lagos de Canadá. En Tabasco tenemos toda una cultura gastronómica alrededor del pejelagarto, pero en muchos otros lugares no se lo comen. Por ejemplo, en los *Everglades* de la Florida o en Louisiana, los pejelagartos crecen mucho porque nadie los pesca para comerlos; llegan a medir hasta 2 metros y pesar cerca de 80 kilos.

Pejelagarto

La forma tradicional de cocinarlo es asado: se le mete un palo de rosa en el hocico y no se eviscera ni nada. Lo que hacemos nosotros es hornearlo con mucha sal encima. Como la sal absorbe humedad, le quita el sabor pantanoso característico del pejelagarto, y queda una carne con sabor pero sin ese olor *chuquidito…* El *chuquío* es el olor a huevo del vaso sucio. Y entonces sí, ya se puede preparar de cualquier manera. La idea es meterle técnica a los platos y mejorarlos. Yo creo que si los estudias, los analizas y los haces bien, aportas a la cocina mexicana.

Yo amo al pejelagarto. Ese bicho me abrió las puertas de todo y marcó mi vida como cocinero. Por ser local y raro; porque fue lo primero que saqué de Villahermosa, y porque mucha gente me conoció gracias al pejelagarto… se las debo todas a él. *¡Puro pejelagarto power!*

La cocina mexicana

Cuando regresé de París en 2003, después de trabajar con *foie gras*, trufa y demás, lógicamente quería hacer cocina francesa. Fui educado por chefs suizos y pensaba que la cocina europea era la neta.

Entonces, estando en Villahermosa quise poner en práctica lo aprendido, pero obviamente no funcionó.

¿Quién iba a comer *foie gras*? ¿De dónde lo conseguía…?

Decidí cambiar el *foie gras* por el pejelagarto, y sin querer empecé a hacer una cocina mexicana de productos regionales, una cocina realmente tabasqueña, pero inconscientemente…

Después de medio año comencé a darme cuenta de que eso era la maravilla y que por ahí debía irme; fue cuando tomé conciencia de que soy un cocinero mexicano, que debía investigar y aprender de dónde viene el pejelagarto, cómo se cocina, cuál es la forma tradicional de prepararlo, en qué recetas lo usan. Así fue como empecé a hacer cocina tabasqueña y mexicana contemporáneas basado en técnicas, métodos e ingredientes. Pero no sólo una cocina de productos, sino también de investigación, porque a final de cuentas, el producto local se ve reflejado en las técnicas regionales, es el que determina la técnica.

No se debe tratar de componer lo que no está descompuesto, es mejor buscar qué se puede mejorar de un plato. Por ejemplo, a un mole yo no le haría nada, es perfecto. Pero si se sirve con faisán o codornices se otorga una variación al plato sin perder su esencia: acompañarlo con aves. Sin embargo, jamás lo serviría con un *risotto* porque éste lleva ingredientes que no son propios del mole; lo serviría sin duda con un arroz a la mexicana, que también tiene muchísima técnica pero que es un acompañamiento natural.

Luego te pones a analizar y te das cuenta de que normalmente las aves que se sirven con mole son hervidas. Y te preguntas: "¿Qué pasa si ese pollo o ese guajolote lo rostizo con una cocción lenta…?" Eso es variar la técnica para potenciar el sabor, sin traicionar el plato original.

Hay que entender qué es un plato clásico y qué es un plato típico. Uno clásico es aquel en el que no puedes cambiar nada, como los chiles en nogada. Tienen que ser como se hacen en Puebla durante el mes de septiembre, tal cual, porque todos sus ingredientes se dan en esa época. Si preparas un chile en nogada con pimiento morrón, ya no es chile en nogada, sería pimiento morrón al estilo nogada…

Creo que de algún modo siempre hemos sido muy malinchistas, aunque eso está cambiando. Trabajé y me eduqué con europeos, conozco su cocina y su técnica, pero realmente no entiendo su comida, no la siento porque no la he vivido, no me identifico con ella; en cambio, toda mi vida he comido chile y tortillas, con eso sí me identifico.

No conozco a ningún chef mexicano que te diga que no le gusta un buen queso parmesano u holandés, al contrario. Pero también debemos darnos cuenta de que tenemos un queso Cotija excelente y cercano a nosotros. Sin ninguna duda, un Cotija de dos años es tan maravilloso como un parmesano de dos años.

Guillermo González Beristáin

En la década de 1990, cocineros como Guillermo González Beristáin, Federico López, Benito Molina y otros, eran cocineros muy vanguardistas que empezaron justamente a hacer lo que en su momento llamaron "la nueva cocina mexicana", y luego vinimos otros jóvenes cocineros.

Federico López

Según mi amigo y mentor, Federico López, la historia de la cocina mexicana contemporánea se divide en cuatro generaciones: la de los grandes chefs mexicanos con una influencia completamente europea, que por ahí de las décadas de 1970 y 1980 empezaron a hacer una cocina muy solemne y acartonada. Luego llegó la época de Alicia Gironella, Paty Quintana y Mónica Patiño, grandes señoras de la cocina que investigan y difunden lo nuestro. Después, llegaron los que se fueron a estudiar a Nueva York, como Enrique Olvera, Federico López y Ricardo Muñoz Zurita, quienes regresaron a México y empezaron a dar clases y son los que aún nos educan e influyen enormemente a nosotros, a los de mi generación.

Alicia Gironella

Ricardo Muñoz Zurita es el investigador de cocina mexicana más importante del país. Es un apasionado y un estudioso de nuestra cocina y tiene además una gran calidad humana.

¡Él es el jefe de jefes!

La onda de la cocina molecular mexicana duró un par de años porque los jóvenes chefs que la hacíamos nos dimos cuenta de que era una jalada, que era ajena a nosotros, y que terminabas haciendo una mala copia… y así, sin querer empezamos a hacer cocina mexicana de producto, a usar algunas de esas técnicas aplicadas a productos mexicanos, principalmente para decorar, lo que resultó en una cocina mexicana de vanguardia. En un principio hacíamos espumas de tortilla de maíz, pero sin entender la nixtamalización. Nos dimos cuenta de que primero había que comprender las bases para después hacer esas otras cosas. Yo llegué a preparar tamales líquidos inspirado en las quesadillas líquidas de Enrique Olvera, pero sin entender el tamal, sin saber hacer tamales de verdad… **era algo muy, muy peligroso**.

Y después de convivir con estos maestros y con cocineros que localmente estaban haciendo grandes esfuerzos, empezamos a lograr una cocina mexicana con reflexión, estudio, investigación y propuestas. Es ahí donde la cocina mexicana se beneficia enormemente porque ya no se pierde nada, por el contrario, vamos a documentarnos, a estudiar y difundir lo nuestro con el aval de todos esos grandes cocineros que han dado lustre a la cocina mexicana.

Creo que éste es el camino natural de la cocina mexicana. En eso creo y con eso estoy comprometido.

Panetela de coco y espuma congelada de horchata

Rendimiento: 4 porciones

Espuma congelada de horchata
- 200 ml de crema para batir
- 200 ml de horchata concentrada

Panetela de coco
- 200 g de harina para hot cakes
- 3 huevos
- 180 ml de aceite

- 200 g de azúcar
- 60 g de nuez picada
- 4 cucharadas de coco rallado

Presentación
- chocolate líquido, al gusto
- coco rallado, al gusto
- tiras de pasta de almendras, al gusto

Espuma congelada de horchata
1. Coloque la crema en el tazón de la batidora, enciéndala y lentamente vierta el concentrado de horchata sin dejar de batir.
2. Cuando la crema forme picos suaves en la superficie, transfiérala a un recipiente con tapa y congélela por 24 horas.

Panetela de coco
1. Precaliente el horno a 180 °C. Cubra una charola para hornear con papel siliconado.
2. Coloque todos los ingredientes en un tazón, excepto el coco y bátalos hasta obtener una mezcla homogénea.
3. Engrase 4 cortadores metálicos cuadrados de 5 centímetros por lado y 5 centímetros de altura y colóquelos sobre la charola.
4. Vierta la mezcla dentro de los cortadores y espolvoree el coco rallado en la superficie.
5. Hornee por 25 minutos. Retire del horno y deje enfriar antes de desmoldar.

Presentación
1. Coloque un poco de chocolate líquido en un plato y encima una panetela de coco; sobre la panetela ponga 1 quenefa de espuma congelada de horchata. Haga lo mismo con las porciones restantes y decore con coco rallado y tiras de pasta de almendras.

Puchero chido y fritos chocos

Rendimiento: 4 porciones

Ingredientes

Puchero
- 3 cucharadas de aceite
- 2 kg de cola de res cortada en trozos
- 300 g de una mezcla de apio, poro, cebolla, zanahoria y ajo
- 4 ℓ de caldo de res
- 2 elotes partidos por la mitad
- 250 g de papa
- 250 g de yuca
- 350 g de calabacita criolla cortada en trozos
- 250 g de chayote pelado, cortado en trozos
- 1 rama de perejil criollo
- 1 rama de cilantro criollo
- 1 rama de perejil liso
- sal y pimienta al gusto

Láminas de verduras
- ½ calabacita criolla cortada en láminas
- ½ zanahoria cortada en láminas
- ¼ de chayote pelado, cortado en láminas

Fritos chocos
- 1 plátano macho verde
- 1 macal
- 1 camote rosa
- 1 malanga
- 1 yuca
- 1 papa alfa
- 1 calabacita
- c/s de aceite para freír

Tropiezos de cilantro y cebolla
- 2 cucharadas de cilantro criollo picado
- 3 cucharadas de cebolla morada picada
- 3 cucharadas de aceite de oliva
- 100 ml de jugo de limón
- sal de Colima al gusto

Presentación
- chile amashito fresco picado, al gusto (opcional)
- jugo de limón al gusto (opcional)

Preparación

Puchero
1. Caliente el aceite en una cacerola y dore los trozos de cola de res. Agregue la mezcla de apio, poro, cebolla, zanahoria y ajo. Sofría 5 minutos y añada el caldo de res, sal y pimienta. Cuando hierva, incorpore el resto de las verduras y las hierbas.
2. Cueza a fuego bajo durante 5 horas o hasta que la cola de res esté suave. Verifique la sazón, cuele y reserve el caldo. Desmenuce la carne, desgrane los elotes y reserve ambos por separado.

Láminas de verduras
1. Caliente en un sartén un poco del caldo del puchero y sumerja las láminas de verduras hasta que estén cocidas pero aún firmes. Retírelas del fuego y reserve.

Fritos chocos
1. Pele los ingredientes y rebánelos con una mandolina para obtener láminas muy delgadas. Fríalas en bastante aceite caliente hasta que adquieran un color dorado y estén crujientes. Retírelas del fuego, déjelas escurrir sobre papel absorbente y reserve.

Tropiezos de cilantro y cebolla
1. Mezcle perfectamente todos los ingredientes y déjelos macerar por 30 minutos.

Presentación
1. Coloque en cuatro platos hondos la carne desmenuzada, encima las láminas de verduras, los granos de elote cocidos, los fritos chocos y los tropiezos de cilantro y cebolla.
2. Distribuya el caldo en cuatro jarros individuales y vierta éste en cada plato frente al comensal. Acompañe con el chile amashito y el jugo de limón.

Queso ahumado de Tenosique relleno de filete de novillo, con aliño de amashito y hierbas chocas con yuca al mojo

Rendimiento: 1 porción

Ingredientes

Aliño de amashito y hierbas chocas
- 100 ml de aceite de oliva extra virgen
- 3 cucharadas de perejil criollo picado
- 3 cucharadas de cebollín criollo con bulbo, picado
- 4 cucharadas de cebolla morada picada
- 1 cucharada de chile amashito
- 2 cucharadas de ajo picado
- sal y pimienta recién molida, al gusto

Yuca al mojo
- 100 g de yuca pelada, cortada en cubos
- 1 cucharada de manteca de cerdo derretida
- 1 cucharadita de ajo picado
- 2 cucharadas de jugo de naranja agria
- sal y pimienta al gusto

Filete de novillo
- 1 trozo de 180 g de filete de novillo
- sal y pimienta al gusto
- c/s de leña de palo de tinto

Presentación
- 6 rebanadas delgadas de queso ahumado de Tenosique

Preparación

Aliño de amashito y hierbas chocas
1. Caliente el aceite en un sartén, retire del fuego y agregue el resto de los ingredientes. Deje macerar por 1 hora, verifique la cantidad de sal y reserve.

Yuca al mojo
1. Precaliente el horno a 180 °C.
2. Cueza la yuca en una cacerola a partir de abundante agua fría con sal hasta que se suavice. Retírela, cuélela y colóquela en una charola para horno.
3. Mezcle la manteca, el ajo y el jugo de naranja agria en un recipiente; salpimiente y bañe la yuca con esta mezcla.
4. Hornee por 20 minutos, saque del horno y reserve caliente.

Filete de novillo
1. Prenda la leña de palo de tinto en un asador, deje que haga brasa, salpimiente el filete de novillo y áselo. Retire del fuego poco antes de obtener el término deseado. Reserve.

Presentación
1. Ponga 3 rebanadas de queso sobre una plancha, y sobre éstas el filete de novillo. Coloque encima las 3 rebanadas de queso restantes.
2. Una vez que el queso se dore y se forme una costra, voltéelo para que se forme una costra similar del lado contrario. Durante este proceso, cubra el filete con el queso que se va derritiendo para formar una cubierta uniforme sobre toda la carne.
3. Coloque la yuca al mojo en el centro del plato, ponga encima el filete y a un costado el aliño de amashito y hierbas chocas.

Risotto tamulteco

Ingredientes

- 3 cucharadas de aceite de oliva
- 250 g de camarones limpios
- 100 g de aros de calamar
- 200 g de mejillones limpios
- 250 g de arroz arborio
- 400 ml de caldo de pescado
- 150 g de pulpo cocido, picado
- 200 ml de vino blanco
- 20 g de polvo de camarón seco
- 40 ml de crema para batir
- 30 g de queso parmesano rallado
- 1 cucharada de epazote picado
- 1 cucharada de chipilín picado
- 1 cucharada de hoja de chaya picada
- 1 cucharada de hoja santa picada
- sal y pimienta al gusto

Presentación

- queso parmesano rallado, al gusto
- chile seco en polvo, al gusto

Preparación

1. Caliente el aceite de oliva en una cacerola, saltee los camarones, los aros de calamar y los mejillones; salpimiente, retire los mariscos de la cacerola y resérvelos.
2. Añada el arroz arborio y el caldo de pescado en la misma cacerola y cueza durante 5 minutos. Incorpore los mariscos y el resto de los ingredientes; cueza por 15 minutos más, rectifique la cantidad de sal y termine la cocción cuando el líquido se haya evaporado y el risotto esté cremoso.

Presentación

1. Sirva el risotto espolvoreado con queso parmesano rallado y chile seco en polvo.

Sopa de chaya, yuca y chipilín

Ingredientes

Sopa de chaya
- 2 cucharadas de aceite
- 250 g de hojas de chaya
- 1 ℓ de caldo de pollo
- ½ kg de papas cocidas peladas y rebanadas
- sal al gusto
- pimienta de Tabasco molida, al gusto
- 4 esferas de queso crema cubiertas con chile en polvo

Sopa de yuca
- 20 ml de aceite de oliva
- 350 g de yuca cocida, pelada y cortada en cubos pequeños
- 4 cucharadas de ajo picado finamente
- 2 hojas de laurel
- 1 pizca de comino
- 1 ℓ de caldo de pollo
- sal al gusto
- c/s de aceite

Sopa de chipilín
- 150 g de masa de maíz nixtamalizado
- 5 cucharadas de manteca
- 1 manojo de chipilín
- 100 g cebolla picada finamente
- 3 dientes de ajo picados finamente
- 1 ℓ de agua caliente
- 20 g de consomé de pollo en polvo
- 50 g de granos de elote
- sal al gusto

Preparación

Sopa de chaya
1. Caliente el aceite en una cacerola y sofría las hojas de chaya.
2. Añada el caldo de pollo, las rebanadas de papa, y sazone con sal y pimienta de Tabasco; hierva a fuego medio por 8 minutos y retire del fuego.
3. Sirva caliente y decore con las esferas de queso cubiertas con chile en polvo.

Sopa de yuca
1. Caliente el aceite en una cacerola y añada 300 g de yuca, el ajo, las hojas de laurel, el comino y sal; cueza durante 6 minutos y retire del fuego.
2. Deseche las hojas de laurel y licue la yuca y el ajo con el caldo de pollo. Vierta la sopa en la cacerola, rectifique la cantidad de sal y hierva por 8 minutos.
3. Caliente el aceite en un sartén y fría los cubos de yuca restantes; retírelos del fuego y colóquelos sobre papel absorbente.
4. Sirva la sopa en platos hondos y acompañe con los cubos de yuca fritos.

Sopa de chipilín
1. Mezcle la masa de maíz con 3 cucharadas de manteca y forme esferas de 1 centímetro.
2. Separe las hojas de chipilín de los tallos, lávelas bien y escúrralas.
3. Caliente la manteca restante en una cacerola y acitrone la cebolla y el ajo. Agregue las hojas de chipilín, el agua caliente, el consomé de pollo, los granos de elote y la sal; cueza por 10 minutos a fuego medio.
4. Incorpore las esferas de masa a la sopa y cueza por 8 minutos más. Rectifique la cantidad de sal y retire del fuego. Sirva en platos hondos.

Sopa seca de fideos y menudencias

Rendimiento: 4 porciones

Ingredientes

Fideos

- 1 rama de epazote
- 2 cucharadas de aceite de oliva
- 1 cucharada de aceite de maíz
- 2 cucharadas de cebolla picada finamente
- 2 dientes de ajo picados finamente
- 200 g de fideos
- 1 ℓ de caldo de pollo
- 200 g de jitomate
- 3 chiles morita sin venas ni semillas, rehidratados en agua caliente
- 50 g de mollejas de pollo
- 50 g de hígados de pollo
- 50 g de corazones de pollo
- 50 g de chapulines
- sal y pimienta al gusto

Presentación

- crema ácida al gusto
- queso panela cortado en cubos pequeños, al gusto
- perejil picado, al gusto

Preparación

Fideos

1. Deshoje la rama de epazote y blanquee las hojas por 1 minuto en agua hirviendo; cuélelas, licúelas con el aceite de oliva y reserve.
2. Caliente el aceite de maíz en una cacerola, añada la cebolla y el ajo y sofría durante 2 minutos. Incorpore los fideos y dórelos por 1 minuto.
3. Licue el caldo de pollo con el jitomate y los chiles morita; cuele e incorpore a los fideos junto con el aceite de epazote y las menudencias de pollo. Cueza por 20 minutos o hasta que el líquido se haya evaporado. Salpimiente y añada los chapulines.

Presentación

1. Sirva en tazones con crema, queso panela y perejil.

Sushi de atún aleta azul sin arroz

Rendimiento: 4 porciones

Ingredientes

- 300 g de atún aleta azul
- 30 ml de salsa de soya
- 1 ½ cucharadas de jugo de limón
- 3 cucharadas de jugo de naranja agria
- 5 chiles amashito frescos picados finamente

Presentación

- 50 g de pepino cortado en rodajas delgadas
- 200 g de queso crema cortado en tiras
- 100 g de aguacate Hass cortado en tiras (opcional)
- ajonjolí tostado, al gusto
- hojas de perejil al gusto
- 1 chile habanero cortado en julianas
- flor de sal al gusto

Preparación

1. Corte el atún en láminas delgadas y resérvelas en refrigeración.
2. Mezcle la salsa de soya, el jugo de limón, el jugo de naranja agria y los chiles amashito. Reserve.

Presentación

1. Coloque en un plato el aderezo de salsa de soya y sobre ésta acomode de manera alternada láminas de atún, rodajas de pepino, tiras de queso crema y tiras de aguacate. Decore con ajonjolí tostado, hojas de perejil, chile habanero y flor de sal.

Tiradito de lengua y ensalada de habas verdes y calabacitas

Rendimiento: 4 porciones

Ingredientes

Lengua
- 300 g de lengua de res
- 2 clavos de olor
- 1 hoja de laurel
- sal y pimienta al gusto

Ensalada de habas verdes y calabacitas
- 6 cucharadas de habas verdes, peladas y cocidas
- 4 cucharadas de calabacita picada en cubos pequeños, cocida
- 4 cucharadas de nopal picado en cubos pequeños, cocido
- 4 cucharadas de jitomate sin semilla picado en cubos pequeños
- ¼ de taza de hojas de verdolaga
- ¼ de cebolla morada fileteada
- 2 cucharadas de cilantro picado finamente
- el jugo de 2 limones
- 5 cucharadas de aceite de oliva
- sal y pimienta al gusto

Presentación
- flor de sal al gusto

Preparación

Lengua
1. Cueza en una olla con agua hirviendo la lengua de res con los clavos, las hojas de laurel, sal y pimienta durante 35 minutos. Retírela del fuego, deseche el agua y déjela enfriar.
2. Limpie la lengua y córtela en rebanadas delgadas; reserve en refrigeración.

Ensalada de habas verdes y calabacitas

1. Mezcle en un recipiente las habas, los cubos de calabacita, de nopal y de jitomate, la verdolaga, la cebolla y el cilantro.

2. Prepare una vinagreta con el jugo de limón, el aceite de oliva, sal y pimienta; viértala sobre las verduras y deje marinar por 10 minutos.

Presentación

1. Sirva las rebanadas de lengua en platos y coloque encima la ensalada de habas verdes y calabacitas; espolvoree flor de sal antes de servir.

Tostaditas cantiñeras de atún aleta azul

Ingredientes

Mayonesa de chipotle
- 60 g de mayonesa
- 3 chiles chipotles adobados

Julianas de poro fritas
- c/s de aceite para freír
- 100 g de poro cortado en julianas
- 50 g de harina

Tostadas cantiñeras
- 300 g de lomo de atún aleta azul congelado
- 16 tostadas de maíz pequeñas
- 20 ml de jugo de limón
- 20 ml de aceite de oliva
- sal al gusto

Mayonesa de chipotle

1. Licue la mayonesa con el chile chipotle hasta que ambos ingredientes se integren perfectamente. Reserve en refrigeración.

Julianas de poro fritas

1. Caliente el aceite en un sartén.
2. Mezcle las julianas de poro con la harina y sacúdalas para retirar cualquier exceso.
3. Fría las julianas en el aceite hasta que estén doradas y crujientes. Retire del fuego y déjelas escurrir sobre papel absorbente. Reserve.

Tostadas cantiñeras

1. Corte el atún congelado en tiras delgadas con un cuchillo muy afilado o con una rebanadora.
2. Unte las tostadas con mayonesa de chipotle, coloque encima rebanadas de atún y sazone con el jugo de limón, el aceite de oliva y sal.
3. Decore con las julianas de poro fritas y sirva.

Tostadas de salpicón de venado y vinagreta de chile amashito

Ingredientes

Vinagreta de chile amashito
- 5 cucharadas de chiles amashito frescos
- 180 ml de aceite de oliva
- 2 cucharadas de jugo de naranja agria
- 2 cucharadas de jugo de limón
- sal de Colima al gusto

Tostadas y salpicón
- c/s de aceite para freír
- 8 tortillas de maíz de 10 cm de diámetro
- ½ kg de carne de venado cocida y desmenuzada
- 3 cucharadas de jugo de naranja agria
- 2 cucharadas de vinagre de plátano
- 100 g de cebolla morada fileteada
- ½ zanahoria cortada en julianas
- 6 cucharadas de cilantro picado
- 3 cucharadas de apio picado
- sal y pimienta al gusto

Presentación
- flor de sal al gusto

Preparación

Vinagreta de chile amashito
1. Ase en un sartén los chiles amashito hasta que empiecen a reventarse.
2. Colóquelos en un recipiente con los ingredientes restantes y aplástelos con una cuchara. Deje macerar por 1 hora.

Tostadas y salpicón
1. Caliente el aceite en un sartén y fría las tortillas hasta que estén doradas y crujientes. Escúrralas sobre papel absorbente para retirar el exceso de grasa. Reserve.
2. Mezcle en un tazón los ingredientes restantes y reserve en refrigeración durante 1 hora.

Presentación
1. Coloque una tostada en un plato y sobre ésta distribuya un poco de salpicón de venado. Ponga encima otra tostada y termine con más salpicón. Haga lo mismo con las tostadas y el salpicón restantes.
2. Sirva con la vinagreta de chile amashito y flor de sal.

Mis hijas y el cachorro

Mis hijas son todo, lo más grande de lo que me pasa.
Y mi cachorro igual. No hay diferencia, aunque
con el cachetón tengo más qué compartir
que con las niñas, por ser niño, cosas
propias del género masculino.

Valentina

Aquiles

Regina

La familia es el pilar de todo. Cuando vas por el mundo que-
riendo ser Chuck Norris y de repente te va mal, ahí puedes
caer, con la familia, y te cobijan y te apapacharán; te aguan-
tarán y te levantarán para seguirle: ¡órale, canijo, pa'rriba!

Yo me veo a los cincuenta años con mi Karla a un lado, y con las hijas y el Chil-Aquilitos trabajando en los restaurantes, porque espero que tengamos varios restaurantes para esa fecha...

Quiero que mis hijos sean cocineros, o que tengan que ver con la cocina. Pero sobre todo, quiero que sean mexicanos de bien, que se sientan orgullosos de su país, de su casa, de donde viven, como lo que he dicho de sus abuelos… que no tiren basura, que no sean corruptos, que no sean mentirosos, que hagan las cosas bien…, y que sean cocineros los tres. Y que uno salga pastelero estaría súper chido. Una pastelera, otra

cocinera y el otro *sommelier* o lo que sea, pero el chiste es armar algo todos juntos… ¡Aunque sea contador y que se aviente la administración de los changarros!, pero que estén en el negocio. Y no es que yo quiera mantener un apellido ni nada, pero a mí me hace muy feliz lo que hago y me ha dado todo. Pero si me dicen que quieren ser otra cosa, pues habrá que apoyarlos terriblemente, como a mí me apoyó mi papá cuando le dije que quería ser cocinero… Pero sí me gustaría que mis hijos llegaran a ser cocineros, al 100%.

Ser papá es una **ta-reo-to-to-ta** que nunca se acaba y que la neta es re'difícil. No es que asuste, pero tiene sus bemoles. Y se disfruta... **¡Claro que se disfruta!**

La cocina de las hijas y el cachorro

Aguas frescas

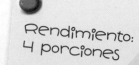

Rendimiento:
4 porciones

Ingredientes

Pepino con limón

- 1 pepino sin cáscara ni semillas, cortado en cuatro
- 200 g de azúcar
- 1 ℓ de agua
- el jugo de 4 limones
- hielo al gusto

Piña y chaya

- 500 g de piña sin cáscara y cortada en trozos
- 5 hojas de chaya
- 100 g de azúcar
- 750 ml de agua
- hielo al gusto

Naranja y zanahoria

- 2 zanahorias peladas y cortadas en cuatro
- 300 ml de jugo de naranja
- 150 g de azúcar
- 750 ml de agua
- hielo al gusto

Sandía con romero

- 750 ml de agua
- 100 g de azúcar
- 1 rama de romero
- 500 g de sandía sin cáscara ni semillas
- el jugo de 5 limones
- hielo al gusto

Melón, papaya y leche

- 250 g de melón sin cáscara ni semillas, troceado
- 250 g de papaya sin cáscara ni semillas, troceada
- 100 g de azúcar
- 400 ml de leche
- 400 ml de agua
- hielo al gusto

Preparación

Pepino con limón; piña y chaya; naranja y zanahoria y melón, papaya y leche

1 Licue todos los ingredientes hasta obtener una mezcla homogénea. Cuele si lo desea, rectifique la cantidad de azúcar y, si es necesario, agregue más.

2 Sirva en una jarra con hielos o refrigere hasta el momento de servir.

Sandía con romero

1 Hierva en una olla el agua con el azúcar, agregue el romero y retire del fuego. Deje infusionar durante media hora, cuele y reserve.

2 Licue la mitad de la sandía con el jugo de limón y la infusión de romero; cuele y vierta en una jarra con hielos. Licue el resto de la sandía e intégrela a la jarra.

3 Mantenga en refrigeración y mezcle bien al momento de servir.

Avena con frutas deshidratadas y jugo de naranja

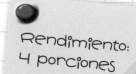

Rendimiento:
4 porciones

Ingredientes

- 1½ tazas de jugo de naranja
- ¼ de cucharadita de jengibre fresco, pelado y rallado
- 200 g de avena
- 20 g de fresas deshidratadas
- 20 g de plátanos deshidratados
- 20 g de duraznos deshidratados
- 20 g de manzanas deshidratadas
- 1 taza de yogur de durazno

Preparación

1 Mezcle el jugo de naranja con el jengibre y la avena; deje reposar en refrigeración durante 12 horas como mínimo.

2 Trocee las frutas deshidratadas e intégrelas a la avena. Sírvala acompañada del yogur de durazno.

Crema de frijol con patitas de puerco

Rendimiento: 4 porciones

Ingredientes

- 2 tortillas
- c/s de aceite para freír
- 50 g de mantequilla
- ¼ de cebolla picada finamente
- 2 cucharadas de harina
- 2 tazas de frijoles cocidos
- 1 ℓ de caldo de pollo
- 2 patitas de cerdo cocidas, deshuesadas y picadas finamente
- 1 lata de media crema
- sal y pimienta al gusto

Preparación

1. Corte las tortillas en tiras delgadas y fríalas en suficiente aceite caliente; déjelas escurrir sobre papel absorbente y reserve.

2. Caliente la mantequilla en una cacerola y acitrone la cebolla. Agregue la harina y cueza, moviendo constantemente, hasta que se dore ligeramente.

3. Licue los frijoles con ½ taza del caldo de pollo hasta obtener un puré homogéneo. Páselos por un colador y viértalos en la cacerola, añada el caldo de pollo restante y mezcle.

4. Integre las patitas de cerdo y hierva durante 10 minutos. Agregue sal y pimienta y retire del fuego.

5. Sirva, decore con la media crema y acompañe con las tortillas fritas.

Crepas de jamón serrano con queso Gouda y de Nutella® con queso crema

Rendimiento: 10 crepas

Ingredientes

- 100 g de harina de trigo
- 1 pizca de sal
- 2 huevos
- 180 ml de leche
- 45 g de mantequilla derretida
- c/s de aceite en aerosol
- 100 g de queso Gouda
- 100 g de jamón serrano
- 100 g de Nutella®
- 100 g de queso crema
- 1 cucharada de azúcar glass
- 1 pizca de canela
- frutos rojos al gusto

Preparación

1 Mezcle en un tazón la harina, la sal, los huevos, la leche y la mantequilla derretida hasta que los ingredientes estén bien integrados. Deje reposar en refrigeración por 15 minutos.

2 Rocíe un sartén con el aceite en aerosol y caliéntelo a fuego bajo; este paso deberá realizarlo cada vez que haga una crepa.

3 Vierta una cucharada grande de la mezcla de harina sobre el sartén y muévalo circularmente hasta cubrir todo el fondo con una capa delgada. Cueza durante 2 minutos o hasta que esté ligeramente dorada, voltéela y cuézala por el otro lado. Repita este procedimiento con el resto de la mezcla y reserve las crepas.

4 Coloque una crepa en un sartén a fuego bajo y rellénela, ya sea con el queso Gouda y el jamón serrano, o bien, con la Nutella® y el queso crema. Doble la crepa en cuatro y manténgala a fuego bajo; cuando se haya calentado, retire del fuego. Rellene el resto de las crepas de la misma forma.

5 Espolvoree las crepas dulces con azúcar glass y canela, y sírvalas acompañadas de frutos rojos.

Espagueti a la boloñesa

Ingredientes

- 200 g de espagueti
- 1 cucharada de aceite de oliva
- ½ cebolla picada finamente
- 2 dientes de ajo picados finamente
- 1 hoja de poro picada finamente
- 1 rama de apio picada finamente
- 500 g de carne de res molida
- 1 cucharada de tomillo seco
- 1 cucharada de orégano seco
- ½ taza de vino tinto
- 1 zanahoria pelada, cortada en cubos pequeños y blanqueada
- 4 jitomates sin piel ni semillas, picados
- ½ taza de puré de tomate
- sal y pimienta al gusto
- albahaca seca, al gusto
- queso parmesano rallado, al gusto
- hojas de albahaca fresca, al gusto

Preparación

1. Cueza el espagueti en una olla con suficiente agua caliente con sal durante 8 minutos, o hasta que esté al dente; retírela del fuego, déjela escurrir y refrésquela con agua fría. Coloque la pasta en un recipiente, cúbrala con plástico autoadherible y resérvela en refrigeración.

2. Caliente el aceite de oliva en un sartén y acitrone la cebolla, el ajo y el poro; añada el apio y saltee por 1 minuto.

3. Agregue la carne molida, salpimiente y cueza hasta que se dore ligeramente; añada el tomillo y el orégano, mezcle y saque del fuego. Retire del sartén y reserve.

4. Desglase el sartén con el vino tinto y deje que se reduzca a la mitad, incorpore nuevamente la carne y agregue la zanahoria, el jitomate y el puré de tomate; mezcle y cueza durante 30 minutos. Retire del fuego.

5. Caliente el espagueti y sirva con la salsa boloñesa. Espolvoree albahaca seca, queso parmesano y decore con las hojas de albahaca.

Estofadito de cola de res con ejotes y chicharos

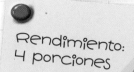

Rendimiento: 4 porciones

Ingredientes

- 500 g de cola de res limpia y cortada en trozos
- 1 cucharadita de harina
- 30 g de mantequilla
- 1 cucharada de aceite
- 30 g de cebolla fileteada
- 1 diente de ajo picado finamente
- 250 ml de caldo de res
- 125 ml de puré de tomate
- 1 clavo de olor
- 1 hoja de laurel
- 100 g de zanahorias peladas y cortadas en cubos pequeños
- 100 g de papas peladas y cortadas en cubos pequeños
- 100 g de ejotes cortados por la mitad
- 100 g de chícharos
- sal y pimienta al gusto

Prepración

1 Cubra la carne con la harina, retire el exceso y reserve.

2 Caliente la mantequilla y el aceite en una olla y acitrone la cebolla y el ajo. Añada la carne y fríala hasta que se dore por todos los lados.

3 Vierta el caldo de res, el puré de tomate, el clavo y la hoja de laurel; mezcle, tape la olla y cueza durante 25 minutos a fuego bajo. Agregue el resto de los ingredientes y cueza por 15 minutos más. Rectifique la cantidad de sal, retire del fuego y sirva.

Galletas de sabores

Ingredientes

masa base de vainilla

- 200 g de mantequilla
- 100 g de azúcar glass
- 1 huevo
- 1 cucharada de esencia de vainilla
- 300 g de harina de trigo cernida

Preparación

masa base de vainilla

1 Acreme en una batidora la mantequilla con el azúcar glass y añada, sin dejar de batir, el huevo y la esencia de vainilla.

2 Integre la harina poco a poco hasta formar una masa. Sáquela de la batidora y forme una bola con la masa; evite trabajarla demasiado con las manos.

3 Cubra la masa con plástico autoadherible o introdúzcala en una bolsa de plástico y refrigérela durante media hora.

4 Precaliente el horno a 180 °C y coloque papel siliconado a una charola para hornear.

5 Saque la masa del refrigerador y estírela con un rodillo sobre una mesa de trabajo previamente enharinada; dé forma a las galletas con el cortador de su preferencia y colóquelas sobre la charola.

6 Hornee las galletas durante 15 minutos. Saque del horno y deje enfriar las galletas sobre una rejilla metálica.

Variaciones

masa de naranja: sustituya la esencia de vainilla por 1 cucharadita de esencia de naranja o azahar y agregue 1 cucharadita de ralladura de naranja al momento de incorporar la harina.

masa de limón: sustituya la esencia de vainilla por 1 cucharadita de esencia de limón y agregue 1 cucharadita de ralladura de limón al momento de incorporar la harina.

masa de canela: mezcle la harina con 1 cucharada de canela en polvo.

masa de café: mezcle la harina con 1 cucharada de café soluble.

masa de coco: incorpore a la masa de vainilla 50 gramos de coco rallado y, al sacar las galletas del horno, espolvoréelas con coco rallado al gusto.

masa de chocolate: sustituya 40 gramos de harina por la misma cantidad de cocoa y mezcle con el resto de la harina.

masa marmoleada: mezcle porciones iguales de masa de vainilla y masa de chocolate.

Hamburguesa de cordero y queso de cabra

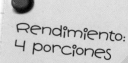

Rendimiento: 4 porciones

Ingredientes

Papas a la francesa

- 1 kg de papas peladas
- c/s de aceite de oliva para freír
- 1½ cucharadas de vinagre blanco
- páprika al gusto (opcional)
- hojas de perejil picado al gusto (opcional)
- sal y pimienta al gusto

Hamburguesa

- 500 g de carne de cordero molida
- 300 g de tocino picado finamente
- ½ cebolla picada finamente
- 2 cucharadas de perejil picado finamente
- 1½ cucharadas de mostaza Dijon
- 2 huevos
- 100 g de queso de cabra cortado en rodajas
- sal y pimienta al gusto
- c/s de aceite de oliva

Presentación

- 4 panes para hamburguesa
- 1 cebolla morada fileteada
- 1 jitomate bola rebanado
- hojas de lechuga al gusto
- pepinillos al gusto
- mayonesa al gusto
- salsa cátsup al gusto
- mostaza americana al gusto

Preparación

Papas a la francesa

1. Coloque las papas en una olla con suficiente agua fría y una pizca de sal; póngala sobre el fuego y hierva hasta que las papas estén suaves. Retire del fuego y deje enfriar.

2. Corte las papas en bastones del tamaño deseado. Seque los bastones con papel absorbente.

3. Caliente el aceite de oliva y fría las papas. Sáquelas y colóquelas sobre papel absorbente para eliminar el exceso de grasa.

4. Coloque las papas en un recipiente y sazone con el vinagre, la páprika, el perejil picado, sal y pimienta, Reserve.

Hamburguesas

1. Coloque la carne en un tazón e integre el tocino, la cebolla, el perejil, la mostaza de Dijon, los huevos, sal y pimienta. Forme una bola con la carne y divídala en 4 porciones.

2. Tome una porción y haga una albóndiga; forme con el pulgar una cavidad grande en el centro e introduzca una rodaja de queso de cabra. Envuelva el queso con la carne y vuelva a formar una albóndiga; aplánela con las palmas de las manos y reserve. Repita este proceso con las porciones de carne restantes.

3. Caliente una parrilla o sartén y barnice con aceite; cueza las hamburguesas al término deseado y retire del fuego.

Presentación

1. Arme la hamburguesa con el pan, cebolla, jitomate, lechuga, pepinillos y los aderezos. Acompañe con papas a la francesa.

Higaditos con menta y arroz

Ingredientes

- 200 g de hígados de pollo blanqueados, picados en cubos pequeños
- 350 ml de caldo de pollo
- ¼ de cebolla picada finamente
- 1 zanahoria pelada y cortada en cubos pequeños
- 2 cucharadas de perejil picado
- 2 hojas de menta picadas
- 100 g de arroz cocido
- sal al gusto

Preparación

1 Coloque en una olla los hígados de pollo, el caldo de pollo, la cebolla, la zanahoria y sal; hierva hasta que las verduras estén cocidas. Agregue el perejil y la menta y retire del fuego.

2 Sirva el arroz en un plato y vierta encima el caldo con las verduras y los hígados.

Hígado de res con cebollitas caramelizadas

Ingredientes

- 2 cucharadas de aceite
- 2 dientes de ajo picados finamente
- 600 g de hígado de res limpio y cortado en tiras delgadas
- 1 cucharada de perejil picado
- 100 g de cebollas cambray sin rabos, partidas por la mitad
- 1 cucharada de vino tinto
- sal al gusto

Preparación

1 Caliente 1 cucharada de aceite en una cacerola y acitrone el ajo; saltee el hígado hasta que se dore, agregue el perejil picado, la sal y retire del fuego. Reserve.

2 Sofría en un sartén a fuego bajo las cebollas cambray con el aceite restante; mueva constantemente para evitar que se doren. Desglase el sartén con el vino tinto, agregue una pizca de sal y retire del fuego.

3 Sirva los hígados con las cebollas cambray y acompañe con un vaso de agua fresca.

Lasaña de salmón y espinacas

Rendimiento:
6 porciones

Ingredientes

- 1½ cucharadas de aceite de oliva
- 800 g de salmón fresco cortado en láminas delgadas
- 200 g de espinacas
- 4 jitomates rebanados
- ½ taza de aceitunas sin semillas, rebanadas
- 200 g de queso mozzarella seco y rallado
- hojas de albahaca picadas, al gusto
- ensalada fresca al gusto
- sal y pimienta al gusto

Preparación

1 Precaliente el horno a 180 °C y engrase un refractario con el aceite de oliva.

2 Cubra la base del refractario con una capa de láminas de salmón, espolvoree sal y pimienta y cúbralas con espinacas; acomode encima rebanadas de jitomate y de aceitunas; espolvoree albahaca, sal y pimienta. Repita este paso hasta terminar con todos los ingredientes, asegurándose que la última capa sea de salmón.

3 Espolvoree la superficie con el queso mozzarella y hornee durante 15 minutos. Retire del horno, corte en 6 porciones y sirva con ensalada fresca.

246 La cocina de las hijas y el cachorro

Manzanas con chabacanos y curry

Rendimiento:
5 porciones

Ingredientes

- 300 g de manzanas peladas y descorazonadas + ½ pieza cortada en trozos medianos
- 200 g de chabacanos sin semilla + 1 pieza cortada en trozos medianos
- 1 raja de canela
- 3 cucharadas de azúcar
- 1 cucharada de curry en polvo

Preparación

1 Hierva en una olla con suficiente agua los 300 gramos de manzanas, los 200 gramos de chabacanos, la canela y el azúcar. Retire del fuego cuando las frutas estén suaves y deje entibiar.

2 Deseche la canela y licue o muela en un procesador de alimentos las frutas con un poco del agua de cocción hasta obtener un puré; agregue el curry y mezcle.

3 Sirva la papilla tibia y acompañe con los trozos de manzana y chabacano.

Paletas de frutas: mango con chamoy, moras con albahaca y limón con chaya

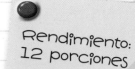

Rendimiento: 12 porciones

Ingredientes

Mango con chamoy
- la pulpa de 2 mangos
- 100 g de azúcar
- 50 g de chamoy
- 2 tazas de agua

Moras con albahaca
- 100 g de zarzamoras
- 100 g de frambuesas
- 100 g de azúcar
- 2 tazas de agua
- hojas de albahaca al gusto

Limón con chaya
- 2 tazas de agua
- 100 g de azúcar
- 1 taza de jugo de limón
- 1 hoja de chaya picada finamente

Preparación

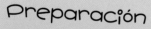

Mango con chamoy

1. Licue todos los ingredientes hasta obtener una preparación homogénea y viértala en moldes para paleta.

2. Congele durante toda la noche o mínimo por 4 horas; desmolde y sirva.

Moras con albahaca

1. Licue todos los ingredientes hasta obtener una preparación homogénea, cuele si lo desea, y vierta en moldes para paleta.

2. Congele durante toda la noche o mínimo por 4 horas; desmolde y sirva.

Limón con chaya

1. Caliente en una olla el agua y el azúcar hasta obtener un jarabe; retire del fuego y deje enfriar.

2. Mezcle todos los ingredientes y vierta en moldes para paleta.

3. Congele durante toda la noche o mínimo durante 4 horas; desmolde y sirva.

Televisión

UTILISIMA es un canal de estilo de vida que se creó
en 1996. Está muy cañón porque la productora de los contenidos
del canal, que se llama *Fox toma 1*, produce cada año más de mil doscientas
horas de programación. Transmiten entretenimiento para mujeres: tienen
contenido de cocina, manualidades, mejoras para el hogar, salud y belleza.

Es uno de los canales de *Fox Latin American Channels* desde 2007. Ellos operan en América Latina las marcas *Fox*, *FX*, *Fox Life*, *Fox Sports*, *Fox News*, *National Geographic Channel*, *Nat Geo Wild* y *Universal Channel*, que se ven en América Latina, Estados Unidos, Canadá, España y hasta en los Balcanes.

Cuando empezaron a buscar cocineros mexicanos para el canal, yo ya había aparecido en diferentes revistas, en entrevistas en radio y estaba por publicarse el *Larousse de los Top Chefs de México*, así es que salí en la lista de candidatos… "¡Este güey, el bigotón ese de Villahermosa, el del restaurante *Ló*, el de las tortugas y el pejelagarto!" Entonces, me hablaron del canal y me explicaron que venían a México a hacer un *casting*, y me invitaron. "Tienes que ir tal día, te mandamos los boletos, haces una prueba de cámara y demás…"

A la semana me llamaron y me dijeron: "Ya tienes programa." En un principio se iba a llamar *Fuera de carta*, y la idea era básicamente un programa de un chef de restaurante que haría platillos fuera de la carta. Pero luego, conforme nos fuimos conociendo y me fueron tratando, la idea cambió y quedó final-mente *El toque de Aquiles*, que estrenamos en junio de 2009. Un concepto más personalizado y que está chidísimo, con mi nombre en el programa.

La verdad es que jamás pensé que iba a tener tanto éxito; nunca creí llegar a una cuarta temporada. Voy por la cuarta temporada de *El toque de Aquiles* y la primera de *Aquilísimo*. Una temporada consta de veintiseis programas: una vez por semana hay estreno de capítulo y luego repeticiones toda la semana. Así que ya llevo más de dos años y medio al aire, diario, día y noche. Ha sido todo un éxito; ningún canal ha crecido tanto como UTILISIMA; es el canal que, sin ser de noticias, tiene mayor distribución en el continente. Se ve desde la Patagonia en Argentina hasta Estados Unidos, y está en el paquete básico de todos los operadores de cable.

Narda Lepes

Creo que el éxito se debe a que la gente ve a un soldado raso, y todo mundo se identifica con él: ya casi eres el hijo, el sobrino, el novio, el amigo, el ahijado, el amigo del hijo, el nieto; "se parece al primo fulano, se parece al tío mengano, se parece a mi esposo…" Creo que la gente está cansada de ver modelos que en la tele son unos y en la vida real son otros. En cambio, yo todavía viajo en camión, pa'mí es normal usar el metro y no ha cambiado nada. No se me ha subido la fama. Y creo que es porque yo no me veo haciendo una carrera televisiva, mi proyecto de vida no es una carrera en la tele, sino mi cocina, el restaurante… mi fogón.

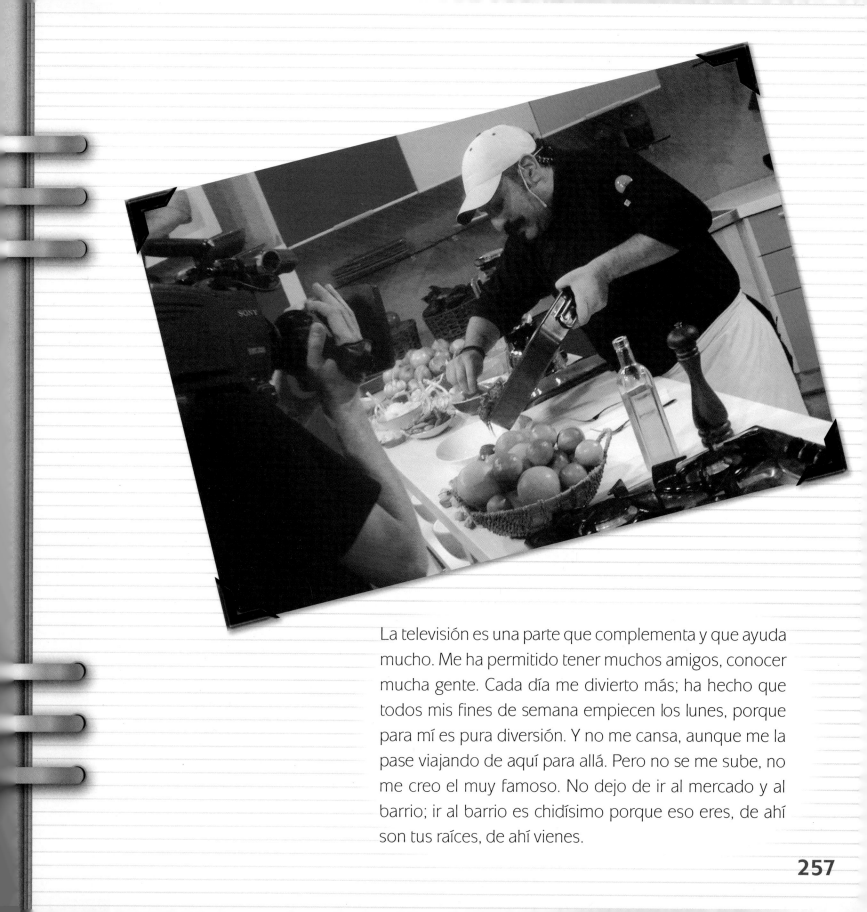

La televisión es una parte que complementa y que ayuda mucho. Me ha permitido tener muchos amigos, conocer mucha gente. Cada día me divierto más; ha hecho que todos mis fines de semana empiecen los lunes, porque para mí es pura diversión. Y no me cansa, aunque me la pase viajando de aquí para allá. Pero no se me sube, no me creo el muy famoso. No dejo de ir al mercado y al barrio; ir al barrio es chidísimo porque eso eres, de ahí son tus raíces, de ahí vienes.

Y estoy seguro de que no voy a perder
el piso, porque si así empezara a pasar,
afortunadamente tengo a mi esposa
que me jalaría y me diría: "¿A dónde vas?"
Me pondría los pies en la tierra.

con Solange y Benito

Yo sé que llegué a la tele por ser un buen cocinero, pero estoy consciente de que soy un producto; somos un producto vendible y desechable. Y por lo pronto, mientras dura, yo lo estoy disfrutando porque me gusta. Me gusta mucho y creo que me sale natural… fluye lindo.

Con el programa *Aquilísimo* he visto que se puede hacer televisión de calidad y cosas muy interesantes por la cocina mexicana, y desde ahí puedo trabajar por ella de una manera honesta, honrada, en otra trinchera.

El toque de Aquiles es un programa de cocina con recetas que cualquier ama de casa puede hacer; si tiene ese gusto por la cocina puede prepararlas y le van a salir. *Aquilísimo* es un programa para los que les gusta comer. No presentamos un resort de millonarios al que tienes que llegar en helicóptero, como hacen otros programas, no. Mostramos lugares a los que puede ir cualquiera y comer fantásticamente. La idea es que quien lo vea diga: "Cuando vaya a Tijuana voy a comer eso que vi; cuando vaya a Guadalajara voy a ir ahí…" La forma en que me entero de los lugares es gracias a mis amigos. Por ejemplo, si voy a grabar en Monterrey, yo sé que el mero mero de allí es mi amigo Guillermo Gonzalez, y le pregunto: "Oye, Memo, recomiéndame unos changarros", y él me dice enton-ces que tengo que ir a los tacos de Doña Pelos, en la esquina, porque hace el atropellado norteño más chido… Y así, me guío por mis amigos.

Los lugares en que he filmado los escogí porque para mí significan algo: Michoacán, la tierra de mis abuelos paternos; Hidalgo, la tierra de mi abuelito Pepe; Jalisco, la tierra de mi abuela Mercedes; Tabasco, porque me ha dado todo; Ensenada, por mi hermano del alma, Benito Molina, y Tijuana, por darme el gusto, y para mostrar a la gente que hay otra Tijuana detrás de todo lo que ya sabemos que está pasando ahí.

La tele te da difusión, pero en mi caso no sólo a mí, sino también a la cocina mexicana. Gente de todo el continente está conociendo más de nuestra cocina. Me impresiona la cantidad de correos que me llegan de países como Colombia, Venezuela, Chile, El Salvador, Ecuador, Argentina, y me dicen: "Es increíble su cultura, su gastronomía. México es lo más grande, quiero ir a conocer México." Es bien padre porque muestras de una manera real el México que todos vivimos y estás poniendo tu granito de arena para difundir nuestra cultura.

261

Pan francés con plátano y hot cakes de plátano con chispas de chocolate

Ingredientes

Compota de moras

- ½ taza de agua
- 4 cucharadas de azúcar
- el jugo de ½ limón
- 1 taza de frutos rojos (fresas, frambuesas, zarzamoras y cerezas)

Pan francés

- 2 plátanos Tabasco maduros

- 8 rebanadas de pan de caja
- ½ taza de leche descremada
- 2 huevos
- las semillas de 1 vaina de vainilla
- ½ cucharada de canela en polvo
- 2 cucharaditas de mantequilla

Hot cakes

- 1 plátano Tabasco grande
- 1 taza de harina para hot cakes
- 1 huevo

- 1 cucharadita de mantequilla derretida
- ¾ de taza de leche
- c/s de aceite en aerosol

Presentación

- ½ taza de azúcar
- 1 cucharada de canela en polvo
- ½ taza de chispas de chocolate
- rodajas de plátano macho caramelizado, al gusto

Preparación

Compota de moras

1. Caliente en una olla el agua, el azúcar y el jugo de limón; cuando hierva, agregue los frutos rojos y cueza hasta que estén suaves y el líquido se haya reducido.

2. Aplaste las frutas con un machacador y retire del fuego; si desea una salsa más tersa, licue la preparación y pásela por un colador. Reserve.

Pan francés

1. Precaliente el horno a 180 °C. Machaque los plátanos con un tenedor y úntelos sobre 4 rebanadas de pan de caja; cúbralas con el pan restante para obtener un sándwich de plátano. Reserve.

2. Coloque en un tazón la leche, los huevos, las semillas de vainilla y la canela en polvo y bata vigorosamente.

3. Caliente un sartén y engráselo con la mantequilla. Sumerja 1 sándwich de plátano en la mezcla con huevo, colóquelo en el sartén y dórelo por cada lado durante 1 minuto; retire del fuego y haga lo mismo con el resto de los panes.

4. Coloque los panes en un refractario o charola para horno y hornee durante 8 minutos. Retire del horno y reserve.

Hot cakes

1 Machaque el plátano con un tenedor hasta obtener un puré.

2 Mezcle la harina para hot cakes con el huevo, la mantequilla, la leche y el puré de plátano.

3 Caliente un sartén antiadherente y rocíelo con el aceite; vierta un poco de la mezcla y cuando aparezcan burbujas grandes en la superficie, déle la vuelta, cueza por 2 minutos aproximadamente y retire del fuego.

4 Haga lo mismo con el resto de la mezcla y reserve.

Presentación

1 Mezcle en un plato el azúcar con la canela y pase el pan francés por esta mezcla.

2 Sirva el pan francés y los hot cakes, y acompáñelos con las chispas de chocolate, el plátano caramelizado y la compota de moras.

Papilla de betabel y robalo

Rendimiento:
6 porciones

Ingredientes

- 200 g de filete de robalo
- 300 g de betabel
- 1 cucharadita de aceite de oliva
- sal al gusto

preparación

1 Caliente el aceite en un sartén antiadherente y ase el robalo, retire del fuego y reserve.

2 Hierva el betabel en una olla con suficiente agua hasta que esté suave. Retire del fuego, escurra, deje enfriar, quítele la piel y córtelo en cubos.

3 Licue o muela en un procesador de alimentos el robalo, el betabel y la sal hasta obtener un puré; agregue un poco de agua si desea una consistencia menos espesa. Sirva tibio.

Nota
Puede procesar el betabel con la sal y agregar el robalo desmenuzado.

Papilla de espinacas y filete de res

Ingredientes

- 2 papas
- 150 g de filete de res
- 200 g de espinaca sin tallo, blanqueada
- 2 cucharaditas de aceite de oliva
- sal al gusto

Preparación

1 Cueza las papas en una olla con suficiente agua con sal, retire del fuego, escurra, deje enfriar, pélelas y córtelas en cubos. Reserve.

2 Ase el filete de res en una parrilla con la mitad del aceite de oliva hasta que dore ligeramente; retire del fuego y córtelo en trozos.

3 Licue la papa, el filete de res, las espinacas, la sal y el aceite de oliva restante, o bien, muélalos en un procesador de alimentos. Sirva tibio.

Nota

Puede procesar las papas y las espinacas e integrar el filete picado en cubos pequeños.

Papilla de machaca con chayote

Ingredientes

- 150 g de machaca
- 2 chayotes
- 2 rebanadas de pan de caja tostado

Preparación

1. Hierva la machaca en una olla con suficiente agua; retire del fuego, déjela escurrir y reserve.

2. Cueza los chayotes en otra olla con agua hasta que estén suaves, retire del fuego, escurra, deje enfriar, pélelos y córtelos en cubos.

3. Licue los chayotes y la machaca hasta obtener un puré, o bien, muélalos en un procesador de alimentos. Sirva tibio y acompañe con pan tostado.

Papilla de zanahoria, albahaca y pollo

Rendimiento: 4 porciones

Ingredientes

- 150 g de pechuga de pollo
- 200 g de zanahoria pelada
- hojas de albahaca al gusto
- 2 rebanadas de pan de caja tostado
- sal al gusto

Preparación

1. Cueza la pechuga de pollo en una olla con suficiente agua con sal; retírela del fuego, escúrrala, deshébrela y reserve el pollo y el caldo por separado.

2. Cueza las zanahorias en el caldo de pollo hirviendo hasta que estén suaves, retírelas del fuego, escúrralas, déjelas enfriar y córtelas en cubos.

3. Licue el pollo, las zanahorias y las hojas de albahaca hasta obtener un puré, o bien, muélalos en un procesador de alimentos. Sirva tibio y acompañe con pan tostado.

Nota

Puede procesar las zanahorias y la albahaca e incorporar el pollo deshebrado.

Patitas de pollo con calabacitas

Rendimiento:
4 porciones

Ingredientes

- 4 patitas de pollo
- 200 g de calabacitas
- 1 cucharadita de mantequilla
- 50 g de jamón serrano picado finamente
- sal al gusto

Preparación

1 Cueza las patitas de pollo con las calabacitas en una olla con suficiente agua con sal; retire del fuego, escurra todos los ingredientes y reserve el caldo, las patitas de pollo y las calabacitas por separado.

2 Corte las calabacitas en cubos pequeños y saltéelas en un sartén con la mantequilla, agregue el jamón serrano, saltee durante 1 minuto y vierta el caldo de pollo que reservó.

3 Sirva en un tazón el caldo de pollo con calabacitas, jamón serrano y 1 patita de pollo.

Pizza de cuatro quesos, salami y huitlacoche con queso de cabra

Ingredientes

Masa para pizza

- 1½ cucharadas de sal
- 2 cucharaditas de levadura seca
- 1 taza de agua tibia
- 2 cucharadas de miel
- 3 cucharadas de aceite
- 2¼ tazas de harina

Salsa de jitomate

- 2 cucharadas de aceite de oliva
- ½ cebolla picada finamente
- 2 dientes de ajo picados finamente
- 6 jitomates sin piel, picados
- 1 zanahoria cortada en cubos pequeños

- hojas de albahaca troceadas, al gusto
- hojas de mejorana, al gusto
- sal y pimienta, al gusto

Pizza

- 200 g de queso mozzarela para pizza
- 150 g de huitlacoche

- 150 g de salami
- 50 g de queso parmesano rallado
- 50 g de queso provolone cortado en rebanadas
- 50 g de queso de cabra cortado en rebanadas

Rendimiento: 8 porciones

Preparación

Masa para pizza

1. Mezcle en un recipiente la sal y la levadura, agregue el agua y la miel e integre los ingredientes delicadamente con una cuchara. Deje reposar durante 5 minutos.

2. Agregue el aceite y 1 taza de harina e incorpore perfectamente con las manos; agregue otra taza de harina e integre nuevamente; termine con la harina restante y amase bien hasta que la consistencia sea uniforme.

3. Enharine una mesa de trabajo y amase hasta que la masa se vuelva elástica, o bien, utilice una batidora con gancho.

4. Rocíe un tazón con un poco de aceite, coloque dentro la masa y cúbrala con plástico autoadherible o un trapo. Deje fermentar en un lugar tibio hasta que la masa doble su tamaño.

5. Enharine nuevamente la mesa de trabajo y coloque encima la masa; presiónela con las yemas de los dedos y déle la forma deseada. Estírela con un rodillo hasta obtener el grosor deseado y colóquela sobre una charola para pizza, previamente engrasada y enharinada. Reserve.

Salsa de jitomate

1. Caliente el aceite en un sartén y acitrone la cebolla y el ajo. Añada el jitomate, la zanahoria, la albahaca y la mejorana; cueza hasta que el jitomate comience a deshacerse.

2. Agregue sal y pimienta y machaque los jitomates con un pasapuré, cueza por 1 minuto más y retire del fuego; si desea una salsa más tersa, licue la preparación.

Pizza

1. Precaliente el horno a 180 °C.

2. Cubra la superficie de la masa para pizza con la salsa de jitomate y con el queso mozzarela.

3. Distribuya sobre ⅓ de la pizza el huitlacoche, sobre otro tercio las rebanadas de salami y en el tercio sobrante el queso parmesano; acomode encima las rebanadas de queso provolone y de queso de cabra.

4. Hornee la pizza por 25 minutos o hasta que la masa esté cocida y dorada. Retire del horno y sirva caliente.

Puré de verduras con lengua de res

Rendimiento: 6 porciones

Indredientes

- 200 g de lengua de res cortada en trozos
- ¼ de cebolla + 20 g rebanada
- 3 dientes de ajo
- 2 hojas de laurel
- 2 ramas de mejorana
- 2 ramas de tomillo
- 25 g de mantequilla
- 20 g de poro rebanado
- 20 g de apio rebanado
- 1 zanahoria cortada en rodajas gruesas
- sal al gusto

Preparación

1 Coloque en una olla la lengua, ¼ de cebolla, el ajo, el laurel, la mejorana, el tomillo y sal; cubra con agua y cueza hasta que la lengua esté suave. Retire del fuego y reserve el caldo y la lengua por separado.

2 Caliente la mantequilla en un sartén y saltee la cebolla restante, el poro, el apio y la zanahoria hasta que se doren ligeramente; añada 1 taza del caldo de cocción de la lengua y cueza a fuego medio hasta que las verduras estén suaves. Retire del fuego.

3 Licue las verduras y la lengua hasta obtener un puré homogéneo; si es necesario, agregue un poco del caldo de cocción de la lengua. Añada sal y sirva tibio.

Nota
Puede licuar únicamente las verduras y servir el puré con la lengua rebanada.

Quesitos fritos con jalea de mango y maracuyá

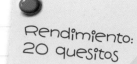

Rendimiento: 20 quesitos

Ingredientes

Jalea de mango

⦿ 200 g de pulpa de mango molida
⦿ 150 g de azúcar
⦿ 1 cucharada de jugo de limón

Jalea de maracuyá

⦿ 200 g de pulpa de maracuyá
⦿ 200 g de azúcar

Quesos

⦿ 400 g de queso manchego
⦿ 1 taza de harina
⦿ 1 pizca de sal
⦿ ½ cucharadita de polvo para hornear
⦿ 1 huevo
⦿ 1 taza de leche
⦿ 1 cucharadita de aceite
  + c/s para freír

Preparación

Jalea de mango

1. Mezcle en una olla la pulpa de mango, el azúcar y el jugo de limón. Ponga sobre el fuego y cueza, moviendo constantemente, hasta que la preparación tenga una consistencia de jalea. Retire del fuego y reserve.

Jalea de maracuyá

1. Caliente en una olla la pulpa de maracuyá y el azúcar, moviendo constantemente, hasta que la preparación tenga una consistencia de jalea. Retire del fuego y reserve.

Quesos

1. Corte el queso en rebanadas gruesas y deles la forma deseada con un cortador para galletas. Cubra los quesos con plástico autoadherible y congele.

2. Cierna la harina, la sal y el polvo para hornear. Bata en un recipiente el huevo, agregue la leche y la cucharadita de aceite, mezcle e integre la harina con el polvo para hornear; continúe batiendo hasta que la mezcla quede homogénea.

3. Caliente el aceite en una cacerola o sartén. Sumerja los quesos en la mezcla y fríalos en el aceite caliente hasta que se doren; retírelos y colóquelos sobre papel absorbente para eliminar el exceso de grasa.

4. Sirva los quesitos acompañados con las jaleas de mango y de maracuyá.

Sopita de lentejas con mollejas y corazones de pollo

Rendimiento:
8 porciones

Ingredientes

- 2 jitomates sin piel
- 100 g de cebolla
- 1 diente de ajo
- 1 cucharada de aceite + c/s para freír
- 200 g de lentejas limpias y remojadas desde la noche anterior
- 50 g de mollejas de pollo limpias y cortadas en cubos pequeños
- 50 g de corazones de pollo cortados en cubos pequeños
- cilantro picado, al gusto
- 2 plátanos machos pelados
- sal al gusto

Preparación

1. Licue los jitomates, la cebolla y el ajo. Caliente 1 cucharada de aceite en un sartén y fría el jitomate licuado.

2. Cueza las lentejas en una olla con suficiente agua con sal durante 45 minutos. Agregue el licuado de jitomate y mezcle.

3. Incorpore las mollejas y los corazones y hierva durante 20 minutos; rectifique la cantidad de sal, agregue el cilantro y retire del fuego. Reserve caliente.

4. Corte un plátano en cubos pequeños y rebane el otro. Caliente el aceite y fría los cubos y las rebanadas de plátano; retírelos del fuego y colóquelos sobre papel absorbente para eliminar el exceso de grasa.

5. Sirva la sopa, acompañe con los cubos de plátano fritos y decore con las rebanadas de plátano fritas.

Sopita de papa, poro y chicharos

Rendimiento:
5 porciones

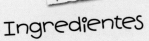

Ingredientes

- 1 hoja de poro cortada en julianas delgadas
- 2 cucharadas de harina
- c/s de aceite de oliva para freír + 1 cucharadita
- 2 papas blanqueadas y peladas
- 4 jitomates sin piel
- ½ cebolla
- 1 diente de ajo frito
- 1 cucharada de hojas de epazote picadas
- 1 hoja de laurel
- 1 ℓ de caldo de pollo
- 150 g de chícharos
- sal al gusto
- huevo cocido y rebanado, al gusto
- cebollín picado, al gusto

preparación

1 Enharine las julianas de poro y sacuda el exceso. Caliente el aceite, fría las julianas, sáquelas del aceite y escúrralas sobre papel absorbente. Reserve.

2 Forme esferas pequeñas con la papa utilizando una cuchara parisién y reserve.

3 Licue los jitomates con la cebolla y el ajo. Caliente una olla con 1 cucharadita de aceite, cuele el jitomate licuado y viértalo en la olla; fría la salsa y agregue el epazote y el laurel.

4 Vierta el caldo de pollo, las esferas de papa, los chícharos y sal; deje hervir hasta que las verduras estén cocidas y retire del fuego.

5 Sirva en platos hondos y acompañe con las julianas de poro frito, rebanadas de huevo cocido y cebollín picado.

Taquitos dorados de guajolote y salsa verde cruda

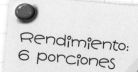

Ingredientes

Salsa verde cruda

- ½ cebolla
- 2 dientes de ajo
- 2 chiles serranos sin venas ni semillas
- 500 g de tomate
- 2 ramas de cilantro
- sal y pimienta al gusto

Tacos dorados

- 600 g de pechuga de guajolote
- ½ cebolla
- 12 tortillas de maíz
- 12 palillos de madera
- c/s de aceite para freír
- crema ácida al gusto
- lechuga rebanada, al gusto (opcional)
- queso fresco desmoronado, al gusto (opcional)

Preparación

Salsa verde cruda

1. Pique finamente todos los ingredientes. Colóquelos en un molcajete y martájelos. Agregue sal y pimienta y reserve.

Tacos dorados

1. Coloque la pechuga de guajolote en una olla con suficiente agua, la cebolla, sal y pimienta y hiérvala hasta que esté cocida. Retírela del fuego, déjela enfriar y deshébrela.

2. Ponga la pechuga deshebrada sobre las tortillas y enróllelas para formar los tacos; sujételos con un palillo de madera.

3. Caliente el aceite y fría los tacos; retírelos del aceite y permita que se escurran sobre papel absorbente.

4. Quite los palillos de los tacos y sírvalos acompañados de la salsa verde cruda, crema, lechuga y queso fresco.

Tortilla de huevo con papas y frijoles parados

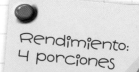

Rendimiento:
4 porciones

Ingredientes

- ¼ de cebolla morada fileteada
- 1 papa pelada, cocida, cortada en tiras delgadas
- 3 cucharadas de aceite de oliva
- 8 huevos
- 1 jitomate sin semillas, cortado en tiras delgadas
- 4 cucharadas de mayonesa
- 1 ajo picado finamente
- 1 cucharada de cilantro picado
- páprika al gusto
- sal y pimienta al gusto
- frijoles de la olla al gusto

Preparación

1. Saltee la cebolla y la papa en un sartén con 1 cucharada de aceite hasta que se doren; retírelas del fuego y colóquelas sobre papel absorbente para eliminar el exceso de grasa.

2. Bata en un tazón los huevos e integre la cebolla, las papas salteadas, el jitomate, sal y pimienta.

3. Caliente el aceite de oliva restante en un sartén antiadherente y vierta la mezcla de huevos. Cueza durante 8 minutos, tape el sartén con un plato y dele la vuelta, de forma que la parte cruda de la tortilla quede en la base del plato.

4. Regrese la tortilla al sartén con el lado crudo hacia abajo para terminar la cocción; retire del fuego y reserve.

5. Mezcle en un recipiente la mayonesa, el ajo picado, el cilantro y la páprika. Rebane la tortilla en 4 porciones y sírvala; acompañe con el aderezo de mayonesa y con frijoles de la olla.

Glosario

Aceituna Kalamata

Variedad de aceituna que toma su nombre de la región de Kalamata, al sur de Grecia, donde se concentra su producción. Posee abundante pulpa, su forma es ovalada y su color es púrpura oscuro.

Acitronar

Freír cebolla y ajo en un elemento graso hasta que se tornen translúcidos. El nombre se debe a que los ingredientes adquieren una apariencia semejante a la del acitrón.

Amasar

Mezclar harina con uno o varios ingredientes, con las manos o con ayuda de una batidora, para incorporarlos bien y obtener una masa homogénea y sin grumos. También se refiere a la acción de trabajar la masa para que obtenga una consistencia elástica (si la preparación lo requiere).

Arroz arborio

Variedad italiana de arroz de grano corto con un alto contenido en almidón, el cual, una vez cocido, es responsable de proporcionarle una consistencia cremosa y un sabor intenso. El arroz arborio se utiliza generalmente para elaborar *risottos*, debido a que tiene una mayor capacidad de absorción de líquidos que otras variedades de arroz.

Bañar

Agregar un líquido por encima de una preparación para hornearla, hacer una salsa o terminar un platillo. El líquido llamado baño puede ser agua, caldo, vino, jugo u otro. También puede referirse a salsear alguna preparación como un postre o una carne para servirla.

Baño María

Consiste en colocar agua caliente o hirviendo dentro de un recipiente y sobre éste poner otro recipiente ligeramente más grande para que no toque el agua o el contacto sea mínimo. Su función es distribuir el calor y controlar la temperatura, por lo que se utiliza para cocer o calentar alimentos delicados; o bien, para mantenerlos calientes.

Batir

Revolver enérgicamente con algún instrumento un ingrediente o una preparación, con el fin de modificar su consistencia, su aspecto o su color. Las yemas y las claras de huevo se pueden batir para que esponjen y su consistencia sea más firme y aireada. Una vinagreta, una salsa o una mezcla se baten para homogeneizarlas.

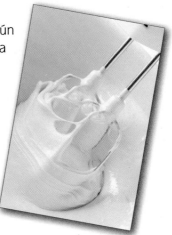

Calabaza criolla
(*Cucurbita pepo*)

Fruto de la familia de las cucurbitáceas, de color verde pálido con forma redonda. Mide de 4 a 6 cm de diámetro. Su pulpa es color amarillo pálido y sus semillas son pequeñas, suaves y agradables al paladar. Se cultiva principalmente en el centro del país, donde se come en abundancia por su buen sabor.

Camote rosa (*Ipomoea batatas*)

Tubérculo de la familia de las convolvuláceas, de forma irregular, voluminosa, alargada y puntiaguda en los extremos, su corteza es de color rosa y su pulpa blanca o amarilla. Mide de 25 a 30 centímetros

de largo. Es de textura harinosa y sabor dulce, rico en almidón. Puede sustituirse por cualquier otro tipo de camote.

Capear

Cubrir un alimento con huevo batido para freírlo. Las claras de los huevos se separan y se baten hasta que forman picos suaves. Luego se añaden las yemas una a una sin dejar de batir, hasta que la mezcla queda amarilla y homogénea. Después, se sumerge el alimento en el huevo batido para que quede totalmente cubierto y se fríe hasta que el huevo está cocido y dorado. Casi siempre el alimento capeado se sumerge enseguida en caldillo de jitomate o en alguna otra salsa o guiso.

Carne salada

Carne de res salada con sal de grano y secada al sol. Debe remojarse varias veces antes de prepararla para retirarle el exceso de sal. A pesar de no ser muy suave, después de cocerse por un tiempo prolongado se suaviza sin llegar a deshebrarse finamente

como la machaca. Se utiliza mucho en Chiapas y Tabasco para preparar la carne con chaya, el pulique y los frijoles con carne salada; también se come asada o frita, acompañada con frijoles, plátano macho y tortillas.

Cebollín criollo (*A. scaposum*)

Variedad de cebolla de uso común en Yucatán, Campeche y Tabasco. Principalmente se utilizan las hojas verdes, delgadas y alargadas que pueden llegar a medir hasta 40 cm de largo.

Chaya (*Cnidoscolus aconitifolius* y *Cnidoscolus chayamansa*)

Planta originaria de la península de Yucatán y la parte norte de Centroamérica; fue cultivada y utilizada por los antiguos mayas. La chaya es una hoja muy importante en las cocinas del sureste

de México, donde casi siempre se consume cocida, principalmente en guisos y tamales, aunque también es utilizada en ensaladas y en agua.

Chile amashito (*Capsicum annum*)

Chile verde pequeño, de hasta 2 centímetros de longitud, de forma elíptica y a veces redonda, que se vuelve rojo al madurar. Pertenece al grupo de los piquines, por lo que es un chile picante y es considerado el

chile de Tabasco por excelencia. También es llamado amax o amaxito.

Chile dulce (*Capsicum annum*)

Se llama así a cualquier variedad de chile que no pique, principalmente al pimiento morrón. En los estados de la península de Yucatán, Tabasco y ciertas partes de Chiapas, el chile dulce es una variedad específica de chile de forma irregular que no pica y que por lo general se consume verde, aunque también rojo cuando madura. Se utiliza para una gran diversidad de guisos regionales.

Chipilín (*Crotalaria spp.*)

Nombre que se le da en Tabasco y Chiapas a algunas plantas del género *crotalaria*, de la familia de las leguminosas, cuyas hojas maduras y retoños tiernos se utilizan como quelites o como hierbas de olor. En general son hojas pequeñas de forma elíptica, color verde claro, olorosas y de sabor agradable. Según la variedad utilizada, se producen cambios notorios en el sabor y aroma de los platillos. Las especies cultivadas en Oaxaca se llaman chepil.

Chirmol

Guiso generalmente preparado con carne de ave, cuya salsa incluye ingredientes quemados que le otorgan sabor y color oscuro. Se acostumbra en los estados de la península de Yucatán, Tabasco y Chiapas, donde existen muchas variantes. También se le suele llamar chilmole o chirmole.

Cilantro criollo
Variedad pequeña de cilantro; se consume ampliamente en el sureste de México como hierba aromática.

Coulis
Salsa de consistencia ligera preparada a base de fruta y azúcar que puede realizarse en crudo o con una cocción muy corta. Suele ser acompañamiento de postres fríos o calientes.

Curry
Condimento en polvo originario del sureste asiático que consiste en una mezcla de especias y hierbas secas que varían según el tipo de curry y el país de origen; las más utilizadas son cúrcuma, cilantro, canela, jengibre y comino. El sabor del curry es muy fuerte y picante con un aroma intenso; se utiliza para preparar guisos a base de carnes, aves, pescados, vegetales y arroz.

Demi-glace
Salsa espesa oscura y brillante de origen francés que se obtiene a partir de la reducción de un fondo de res o ternera. La elaboración de la salsa es muy compleja por lo que es común encontrarla como producto industrializado en concentrado o en polvo. La salsa demi-glace se utiliza como base para la elaboración de otras salsas y para dar cuerpo y sabor a varias preparaciones de carnes rojas.

Desglasar
Disolver con ayuda de algún líquido como caldo, vino, jugo, crema, vinagre o agua, los restos acumulados en un recipiente que previamente se utilizó para dorar, saltear u hornear alguna preparación, con el fin de obtener un jugo o una salsa. Esta acción se realiza con una pala y sobre el fuego.

Envolver o movimientos envolventes
Mezclar delicadamente una preparación con una espátula plástica flexible, comenzando por las orillas y cubriendo o envolviendo la preparación sobre sí misma hacia el centro, hasta que se homogeneice. Por lo general, estas mezclas o preparaciones contienen claras montadas, crema para batir montada o algún ingrediente que contiene aire en su interior. El movimiento envolvente tiene el objetivo de conservar al máximo posible el aire de la mezcla.

Escabeche
Preparación que sirve para macerar diversos alimentos con el fin de conservarlos por largo tiempo. Generalmente está compuesta de vinagre, agua, hierbas, especias y el alimento a conservar. Actualmente, en México esta técnica se utiliza sobre todo para preparar verduras, y son especialmente famosos los chiles en escabeche.

Filetear
Cortar en diagonal o en rebanadas finas una pieza de carne, un pescado o ciertos mariscos, verduras o frutas.

Flamear
Técnica que consiste en rociar una preparación que se encuentre sobre el fuego, con alguna bebida alcohólica destilada que, al hacer contacto con la flama se prende de inmediato. Se realiza para otorgarle un sabor más intenso al platillo o para perfumarlo con el sabor de la bebida alcohólica utilizada.

Flor de sal

Sal pura de origen marino que se produce a la caída del sol debido al contraste térmico; se recolecta manualmente según técnicas tradicionales y se deja secar por el sol y el aire. El color de la flor de sal varía según la región, desde un blanco puro o levemente grisáceo o hasta rosáceo; su sabor es menos salado que el de la sal común, no se apelmaza y se disuelve con facilidad.

Frijol carita

Frijol pequeño de color crema con un punto negro. Posee sabor fuerte y una textura suave.

Galletas de soda

Galleta generalmente hecha de forma cuadrada, de textura seca y crujiente, espolvoreada con sal. Se le conoce también como galleta salada, y se consume generalmente como acompañamiento de cocteles, botanas y aperitivos. Se fabrica principalmente de manera industrial.

Juliana

Corte clásico francés de verduras. Se trata de tiras finas que normalmente miden 3x3x50 milímetros. Las julianas se utilizan para otorgar una presentación agradable en los platillos.

Macal (*Xantosoma yucatanense*)

Tubérculo endémico de la península de Yucatán y el sureste de México. Posee corteza café y pulpa blanca. Tiene usos similares al camote, la papa, la yuca o la malanga y con frecuencia es utilizado para aumentar y hacer rendir la masa de maíz de atoles y tortitas.

Malanga

Tubérculo que se consume como camote, papa o yuca, dependiendo de la técnica de cocción. Posee corteza color café y pulpa blanca con puntos cafés o negros. Existen diferentes

variedades de plantas que lo producen, la mayoría pertenecientes al género *Xanthosoma*.

Maracuyá (*Passiflora edulis*)

Planta originaria de la región Amazónica que actualmente se cultiva en zonas tropicales de todo el mundo. Es una planta trepadora que puede alcanzar los 9 metros de longitud; sus flores son muy apreciadas como ornamento. La fruta comestible es un baya ovalada de 4 a 10 centímetros de largo.

La pulpa carnosa y jugosa es color amarilla y contiene muchas semillas pequeñas; su sabor es dulce y un poco ácido. La maracuyá se consume como fruta fresca, en agua, mermeladas y jugos.

Marinar

Remojar algún ingrediente en un líquido aromático durante un tiempo determinado para suavizarlo y/o perfumarlo.

Pan Melba

Pan blanco tostado, de consistencia ligera y crujiente. Su nombre es en honor a una cantante de ópera australiana del siglo XIX llamada Nelly Melba.

Papel siliconado

Es un papel tratado con silicón que ayuda a que no se peguen los productos, generalmente aquellos que necesitan hornearse. Soporta altas temperaturas, es muy resistente y se consigue en tiendas de materias primas.

Pejelagarto (*Atractosteus tropicus*)

Pescado de agua dulce, de cuerpo cilíndrico, que posee un hocico alargado y puntiagudo semejante al de un lagarto, de ahí su nombre. Mide en promedio 60 centímetros de largo por 10 centímetros de ancho Abunda

especialmente en el mes de junio, aunque se puede pescar todo el año. Su carne es blanca y se considera exquisita. Es un ingrediente indispensable en la cocina típica de los estados de Tabasco y Chiapas.

Perejil criollo (*Eryngium foetidum*)

Planta aromática perteneciente a la familia de las umbelíferas originaria de América tropical; habita en lugares de clima cálido y húmedo, por lo que en México se localiza en los estados del sureste, principalmente en Chiapas, Tabasco y Veracruz. Se cultiva en huertos familiares y crece de manera silvestre. Mide de 8 a 20 centímetros de altura; sus hojas alargadas son color verde oscuro y con hendiduras en los bordes; sus flores son pequeñas, color verde amarillentas y sus frutos globosos

y muy pequeños. En el sureste de México se consumen las hojas para aromatizar platillos y como condimento. Su sabor recuerda al del cilantro aunque es más intenso.

Prime rib

Corte de carne con un grosor aproximado de 3 centímetros, obtenido de la primera costilla de las ocho que forman el costillar de la res. Generalmente este corte de carne se cuece a una

temperatura media y con calor seco.

Quenefa

Del francés *quenelle*, es una pequeña porción de forma ovalada hecha de algún producto dulce o salado, que se utiliza como guarnición o para adornar platillos.

Queso ahumado de Tenosique

Queso elaborado con leche de vaca, ahumado con hojas de pimienta de Tabasco y con palo tinto, que se madura durante un mes. Es originario de Tenosique, Tabasco, el más importante municipio ganadero del estado.

Queso crema tropical

Queso fresco de forma rectangular elaborado con leche de vaca. Su pasta es suave y quebradiza de color blanco o amarillento. Conforme pasa el tiempo se acentúa su sabor salado. Es típico de Chiapas y Tabasco, dónde se utiliza principalmente para espolvorear antojitos.

Queso de hoja

Queso fresco de forma redonda elaborado con leche de vaca, de pasta suave y de color blanco. Su nombre se debe a que se vende envuelto en las hojas de una planta llamada hoja de queso. Es típico del sureste mexicano, dónde se utiliza principalmente para espolvorear antojitos.

Queso feta

Queso fresco típico de Grecia elaborado con leche de oveja. Su color es blanco, con consistencia firme y flexible y contenido graso medio o bajo. Se consigue fácilmente en los supermercados.

Queso mozzarella

Queso italiano de pasta blanda, elástica y fibrosa, hecho originalmente con leche de búfala; actualmente se elabora también con leche de vaca en varias regiones de Italia y en otros países. Las bolas de queso fresco color blanco se conservan en una salmuera fría, misma que se agrega para controlar la concentración de sal del producto. Si el queso se deja secar, se torna color amarillo y la pasta se vuelve más dura; de esta forma, resulta ideal para rallarlo y utilizarlo en la elaboración de pizzas.

Reducir

Disminuir el volumen de un líquido por medio de la evaporación sobre fuego bajo, lo que acentúa su sabor gracias a la concentración de sus elementos, además de otorgarle mayor untuosidad o consistencia.

Saltear

Cocinar a fuego alto en un sartén con una pequeña cantidad de grasa y moviendo constantemente. Los ingredientes que se saltean siempre deben ser pequeños, para que su cocción sea rápida y uniforme.

Salsa

Mezcla de algún fruto o verdura, hierbas de olor, especias y casi invariablemente algún tipo de chile, que se emplea para cocinar o acompañar algún platillo. Aunque en México también se conoce como salsa a cualquier acompañamiento líquido o semilíquido caliente o frío, por lo general cuando se habla de salsa, se refiere a las salsas picantes de mesa. Se preparan con chiles mezclados con tomate o jitomate, ajo y cebolla; en algunos casos pueden llevar frutas, verduras, semillas, quesos, o cualquier otro ingrediente. Estas mismas salsas no sólo son acompañamientos, sino que pueden ser la base de un platillo principal, como las enchiladas, los chilaquiles o el chicharrón en salsa o cualquier carne o verdura guisada en la salsa de preferencia.

Sellar

Cocer rápidamente toda la superficie de una pieza de carne con la finalidad de cerrar los poros de todos los lados y mantener los jugos dentro de la misma.

La técnica se realiza calentando aceite y sellando la carne a fuego alto.

Sifón

Artefacto de cocina utilizado para montar crema y producir espumas o mousses. Fue desarrollado en la década de 1990 por el equipo de cocina de El Bulli, restaurante del chef Ferran Adrià. El mecanismo consiste en llenar el cilindro de metal con una mezcla líquida o semilíquida sin grumos, incorporar aire comprimido (CO_2) mediante cápsulas, y por último, refrigerar o mantener a baño María. El producto final puede ser dulce, salado, frío o caliente.

Tapete de silicón o tapete siliconado

Plancha flexible antiadherente, utilizada por primera vez en Francia en 1982. Está elaborada con una fibra que proporciona antiadherencia perfecta, ideal para trabajar caramelo, chocolate, o como aislante para que no se peguen los productos durante el horneado. Resiste temperaturas de hasta 250 °C.

Tapioca

Almidón que se obtiene de la harina de la raíz de la mandioca o yuca. La presentación más común es en perlas pequeñas que deben hervirse para su consumo. La tapioca es un alimento nutritivo que en México se utiliza principalmente para espesar y enriquecer sopas o para la elaboración de postres.

Yuca (*Manihot esculenta*)

Tubérculo feculento de forma cilíndrica, cáscara café y pulpa blanca. Su tamaño varía de 15 a 30 centímetros de largo y de 5 a 10 centímetros de ancho. Su uso es común en las comunidades rurales e indígenas en el sureste del país y la península de Yucatán. Es utilizada para preparar platillos dulces y salados.

Índice de recetas

Índice por ingredientes

Este libro se terminó de imprimir en junio de 2013
en los talleres de Litografía Magno Graf, S.A. de C.V.,
Calle E No. 6, Parque Industrial Puebla 2000,
C.P. 72220, Puebla, Pue.

3/19 ④ 4/18